PHILIPP MELANCHTHON

Glaube und Bildung

Texte zum christlichen Humanismus

LATEINISCH / DEUTSCH

AUSGEWÄHLT, ÜBERSETZT UND HERAUSGEGEBEN
VON GÜNTER R. SCHMIDT

PHILIPP RECLAM JUN. STUTTGART

Universal-Bibliothek Nr. 8609[3]
Alle Rechte vorbehalten
© 1989 Philipp Reclam jun. GmbH & Co., Stuttgart
Gesamtherstellung: Reclam, Ditzingen. Printed in Germany 1989
RECLAM und UNIVERSAL-BIBLIOTHEK sind eingetragene
Warenzeichen der Philipp Reclam jun. GmbH & Co., Stuttgart
ISBN 3-15-008609-4

Philipp Melanchthon als christlicher und humanistischer Pädagoge

»*Qui Philippum non agnoscit praeceptorem*, der muß ein rechter Esel und Bachant sein, den der Dunckel gebissen hat.«

Dieser Ausspruch Martin Luthers über Melanchthon drückt seine ungeheure Wertschätzung aus, deren sich Melanchthon, solange jener lebte, erfreute. Luther äußert darin seine Bewunderung für die didaktischen Fähigkeiten seines Mitarbeiters und Weggenossen. Wie keinem anderen war es Melanchthon gegeben, die Grundgedanken der Reformation nach theologischen und didaktischen Gesichtspunkten zu ordnen – er ist der erste evangelische Dogmatiker – und in eine kultivierte Sprachform zu gießen. Luther bewunderte an Melanchthon sowohl seine sprachlichen Fähigkeiten wie seine souveräne Stoffbeherrschung. Eines Tages, als er mit Studenten zu Tisch saß, nahm er plötzlich ein Stück Kreide, um auf den Tisch zu schreiben:

> *Res et verba Philippus,*
> *verba sine re Erasmus,*
> *res sine verbis Lutherus,*
> *nec res nec verba Carolostadius.*

(Philippus besitzt Sachkenntnis und findet auch die richtigen Worte, Erasmus kann sich elegant ausdrücken, aber er versteht nichts von der Sache; Luther versteht etwas von der Sache, aber er kann sich nicht gut ausdrücken; Karlstadt[1] versteht weder etwas von der Sache, noch findet er geeignete Worte.)

1 Andreas Bodenstein aus Karlstadt (1480–1541). Professor in Wittenberg, mit dem Luther zunächst zusammenarbeitete, von dem er sich aber wegen seiner radikaleren Auffassungen immer mehr abwandte. Karlstadt mußte Wittenberg verlassen und ließ sich nach mancherlei Irrfahrten in der Schweiz nieder.

Melanchthon kam zufällig vorbei und kommentierte die Tischaufschrift Luthers: was er über Erasmus und Karlstadt geschrieben habe, stimme wohl, ihm selbst traue er jedoch zuviel zu, bei Luther sei auch seine überragende Sprachfähigkeit anzuerkennen.

Wer ist dieser Mann, der schon früh als Wunderkind bestaunt wurde, dessen überragende Fähigkeiten große Zeitgenossen, sowohl Freunde als auch Gegner, anerkannten, dem Berufungen in einflußreiche Stellungen nach Polen, Dänemark, Frankreich, England und in gar manches deutsche Fürstentum zuteil wurden, dessen Rat zu theologischen, philologischen und pädagogischen Fragen sich Fürsten, Gelehrte und Behörden erbaten, der aber bescheidenerweise in sich selbst weiter nichts sah als einen Vermittler des philologischen und philosophischen Rüstzeugs für die Theologie und von Einsichten anderer, einen Lehrer, der bis heute den Ehrentitel *praeceptor Germaniae* trägt? Welches sind seine wichtigsten pädagogischen Vorstellungen und Anliegen? Wie wirken sich bei ihm Glaube und Theologie pädagogisch aus?

1 Zur Person

Philipp wurde am 16. Februar 1497 als ältester Sohn des kurpfälzischen Rüstmeisters Georg Schwartzert und seiner Frau Barbara, der Tochter des Schultheißen, in Bretten geboren. Es sollten noch ein Bruder und drei Schwestern folgen. Schon als Elfjähriger verlor der junge Philipp seinen Vater. Die Erziehungsverantwortung ging damit ganz auf seinen Großvater über, der gerne auf den Rat seines gelehrten Schwagers, des berühmten Hebraisten Johann Reuchlin, hörte. Der letztere verschaffte ihm strenge und tüchtige Lehrer, die ihn im Lateinischen und Griechischen so weit förderten, daß er schon 1509, mit 12 Jahren, die Universität

Heidelberg beziehen konnte. 1512 ging er an die Universität Tübingen, wo er mit humanistisch gesonnenen Freunden geselligen und gelehrten Umgang pflegte und besonders die Schriften des Erasmus erörterte. 1514 wurde er – mit 17 Jahren – Magister und begann, Vorlesungen über Terenz, Vergil, Cicero und Livius zu halten. Gleichzeitig beschäftigte er sich mit der Lektüre mathematischer, juristischer und medizinischer Schriften. Durch die Affäre der Dunkelmännerbriefe[2] geriet auch er in Spannungen zu den Tübinger Theologen. Als er 1518 seine später noch in vielen Auflagen erschienene griechische Grammatik veröffentlicht hatte, empfahl ihn sein Großonkel Reuchlin als Professor für Griechisch nach Wittenberg, wo er bis zu seinem Lebensende griechische und lateinische Literatur, Rhetorik, Dialektik, philosophische Ethik und unter dem Einfluß Luthers auch biblische Exegese und Dogmatik lehren sollte.

Melanchthon wirkte mehr durch den Inhalt und die Form seiner Lehre als durch seine äußere Erscheinung. Einer seiner Studenten, Johann Keßler, schildert ihn 1523 so: »Eine kleine, magere unachtbare Person, vermeintest, er wäre ein Knabe nicht über 18 Jahre.« Außerdem litt er an einem leichten Sprachfehler. Sein Freund und erster Biograph Camerarius spricht von *balbutire* und *balbus*. Der schwächliche, aber energische Mann war als akademischer Lehrer ungemein beliebt: 1520 zählte Spalatin in Luthers Vorlesung 400, in Melanchthons dagegen 500–600 Hörer. Melanchthon nahm eine solche Arbeitslast auf sich, daß seine Freunde schnell um seine Gesundheit zu fürchten begannen und ihm zuredeten, er solle heiraten. Er wehrte sich zwar mit dem Argument, seine *libido* gelte eher den *litteris*, gab aber schließlich nach und heiratete 1520 Katha-

---

2 Die *Epistolae obscurorum virorum* sind eine Streitschrift humanistisch gesonnener Kreise gegen die traditionelle Theologie und Kirchlichkeit, die darin überaus derb karikiert werden. Sie erschienen 1515 und 1517. Zu den Verfassern gehören mit großer Wahrscheinlichkeit Crotus Rubianus und Ulrich von Hutten.

rina Krapp, eine Tochter des Wittenberger Bürgermeisters. Aus der Ehe gingen 4 Kinder hervor. Da Melanchthon viele Studenten schlecht für die Universität vorbereitet fand, richtete er in seinem Hause eine Art Privatschule – *schola domestica* – ein. Seine pädagogische Begabung war bekannt. Deshalb wurde er von allen Seiten um Rat beim Aufbau von Lateinschulen gefragt, so von Eisleben, Magdeburg und Nürnberg. Auch zur Universitätsreform gingen viele Impulse von ihm aus. Bei den Visitationsreisen, die er ab 1527 im Auftrag des sächsischen Kurfürsten unternahm, galt seine Aufmerksamkeit nicht nur der Kirche, sondern auch der Schule und der religiösen Erwachsenenbildung. Melanchthon konnte seinen pädagogischen Neigungen nicht in dem Maße nachgehen, wie er es selbst gewollt hätte, weil er immer mehr in die theologischen, kirchlichen und politischen Auseinandersetzungen hineingezogen wurde.

Da Luther als Gebannter und Geächteter Kursachsen kaum verlassen konnte, war Melanchthon zu häufigen Reisen gezwungen, um auswärts als gelehrter Sprecher der Protestanten aufzutreten, so auf dem Reichstag zu Augsburg 1530, dem Konvent in Worms von 1540 und dem Reichstag zu Regensburg von 1546.

Das ständige Streben Melanchthons nach friedlichem Ausgleich zwischen den streitenden Religionsparteien brachte ihm persönliche und literarische Fehden sowohl mit Vertretern der päpstlichen Seite als auch mit Ultra-Lutheranern.

Besondere Verantwortung fiel ihm nach dem Tode Luthers 1546 zu, zumal sich die äußere Lage des Protestantismus verschlechterte und er auch durch interne Lehrstreitigkeiten geschwächt wurde. Obwohl Melanchthon in Fragen der Lehre weniger denn je zu Zugeständnissen an die katholische Seite bereit war und sich weniger diplomatisch ausdrückte als früher, wollten die Vorwürfe, er gebe wesentliche Einsichten Luthers preis, im eigenen Lager nicht nachlassen.

Als er am 19. April 1560 nach kurzer Krankheit gestorben war, fand man einen Zettel bei ihm, auf dem u. a. zu lesen war: »Du wirst von der Sünde erlöst, von den Sorgen und von der Wut der Theologen befreit (*liberaberis ab aerumnis et a rabie theologorum*).

Du kommst zum Licht, du wirst Gott schauen und seinen Sohn, du wirst die wunderbaren Geheimnisse erkennen, die du in diesem Leben nicht begreifen konntest: Warum wir so geschaffen sind und nicht anders, und worin die Vereinigung der beiden Naturen in Christo besteht.«

2 Zur Pädagogik Melanchthons

2.1 Melanchthons Auffassung von der Pädagogik

Die Pädagogik gehört in den Bereich der *artes*[3], die nach Melanchthons Auffassung dreierlei Art sind: (γένος) λογικὸν, φυσικόν, προτρεπτικόν.

Zum logischen Genus gehören die *artes*, die sich mit dem Denken als solchem, und das heißt für Melanchthon letztlich der Sprache, beschäftigen:

Grammatik, Dialektik, Rhetorik.

Zum physischen Genus gehören die *artes*, die auf die Erkenntnis der Dinge, wie sie sind, und auf die Nutzanwendung dieser Erkenntnis gerichtet sind. Zum protreptischen[4] Genus gehören die *artes*, welche Leitlinien für das rechte Leben liefern. Es sind im wesentlichen drei:

---

3 Der Ausdruck *artes* ist außerordentlich schwer wiederzugeben. Er umfaßt sowohl den objektiven Bestand von Informationen über unterschiedliche Wirklichkeitsbereiche als auch ihre subjektive auf Nutzanwendung gerichtete Beherrschung (*habitus*), also alles, was nach heutigem Sprachgebrauch unter Wissenschaften, Techniken (einschließlich handwerklicher Berufe) und Künste fällt.

4 Von griech. προτρέπω ›hinwenden‹, ›eine Richtung weisen‹, ›auffordern‹.

a) Die Moralphilosophie klärt die allgemeinen Prinzipien rechten Handelns.
b) Die Geschichte und
c) die schöne Literatur veranschaulichen moralische Grundsätze an Beispielen (bzw. Gegenbeispielen).

2.2 Wesen der Erziehung

Melanchthon sieht in der Erziehung ein anthropologisches Grundphänomen, welches den Menschen vom Tier unterscheidet. Während die Tiere sich um ihre Nachkommen nur so lange kümmern, wie dies für ihr physisches Überleben notwendig ist, obliegt es dem Menschen, seine Nachkommen zur *honestas* zu bilden (III,69).[5] Hier wird erkennbar, wie bei Melanchthon das anthropologische Grundphänomen der Erziehung auf einem anderen solchen Grundphänomen ruht, der Unterscheidung von *honesta* und *turpia*. Diese Unterscheidung nimmt jeder Mensch aufgrund angeborener Prinzipien vor. Erziehung hat besonders die Aufgabe, die Einsichten und Neigungen zu entwickeln, die das Leben in Richtung der *honesta* lenken. Die moralpädagogische Aufgabe steht für Melanchthon im Mittelpunkt aller erzieherischen Pflichten. Er sieht sie im engen Zusammenhang mit der religionspädagogischen Aufgabe. Die klare und differenzierende Begriffsbildung, auf die Melanchthon in seinen theologischen und philosophischen Schriften Wert legt, fehlt bei ihm weithin für den pädagogischen Bereich. So läßt sich bei ihm im Bereich der Erziehung deutlich eine Zweiteilung erkennen, für die er aber keine durchgehend differenzierende Terminologie einführt.

Erziehung umfaßt bei ihm erstens all jene Maßnahmen, die das äußere Verhalten der Aufwachsenden in annehmbarer Weise formen sollen (*externa disciplina*). Solche Maßnah-

---

5 Die Stellenangaben in Klammern beziehen sich auf die »Gütersloher Ausgabe« (R. Stupperich, Hrsg., 1951 ff.). III,69 = Band III, Seite 69.

men sind Zureden, Lohn, Strafe, Gewöhnung und andere. Auch dafür findet sich bei ihm keine Systematisierung. Der zweite viel wesentlichere Bereich ist der Unterricht (*docere, doctrina*). Melanchthon rechnet stark damit, daß sich das Verstehen werthaltiger Inhalte auf die Ausbildung von Werthaltungen auswirkt. Die entscheidende Einwirkung der pädagogisch Verantwortlichen auf die Aufwachsenden erfolgt durch Unterricht. Melanchthon wird nicht müde, den besonderen Bildungsgehalt der *litterae* zu betonen. Besonders zu betrachten sind die Bereiche der sprachlichen, ethischen und religiösen Bildung. Sie hängen für Melanchthon zusammen.

2.3 Pädagogische Zielvorstellungen

Die obersten pädagogischen Zielvorstellungen Melanchthons sind *pietas* und *eruditio*. Auf sie ist das Leben, und damit auch die Erziehung, auszurichten. *Pietas* und *eruditio* stützen sich gegenseitig. Indem die eine entwickelt wird, wird mittelbar die andere mitgefördert. *Pietas* wirkt sich auf die Verfeinerung der Sitten aus, *eruditio* schafft umgekehrt eine Sensibilität für die Tiefendimension der Wirklichkeit und fördert so auch die *pietas*. Da zudem die *eruditio* wesentlich in der Beschäftigung mit den *litterae* besteht, diese jedoch weithin *exempla* humanen Lebens und abschreckende Beispiele vor Augen stellen, entsteht durch Modell-Lernen eine günstige moral- und religionspädagogische Wirkung.

Melanchthons humanes Ideal ist ein Mensch, in dem alle Vermögen hierarchisch wohlgeordnet sind: Die Leitung kommt der sich an angeborenen ethischen Prinzipien orientierenden Vernunft zu. Ihr ordnet sich der Wille unter, welcher alle *affectus* lenkt und nötigenfalls mäßigt. Diesem individuellen Ideal entspricht ein gesellschaftliches: Die Gesellschaft soll ein hierarchisches Gefüge bilden, in welchem die Höhergestellten die Untergebenen vernunftgemäß

und nach den Erfordernissen des Gemeinwohls lenken und
sich diese jenen einsichtig und freiwillig unterordnen.

Das abschreckende Gegenbild findet Melanchthon bei den
Skythen. Dort herrschen keine Gesetze, es gilt das Recht des
Stärkeren. Andere werden rücksichtslos ausgeraubt, sogar
die Fremdlinge, welche Gastfreundschaft beanspruchen
könnten. Ihnen kann es sogar passieren, daß sie aufgefressen
werden. Natürlich gibt es dort auch keine Pädagogik (*scientia educandorum liberorum*). Nicht die Tugend wird bewundert, sondern das Laster. Für das Ehrenwerte hat man
keinerlei Sinn und erst recht hegt man völlig falsche religiöse
Vorstellungen. Ein Alptraum für den zivilisierten Melanchthon!

Erziehung ist also nach Melanchthon notwendig, um die
beschriebene Harmonie im Inneren des Menschen und in
der Gesellschaft zu fördern. Hinzu tritt bei Melanchthon ein
religiöses Motiv: Die christliche Botschaft fordert vom Menschen eine zivilisierte Lebensweise (III,86). Die Existenz der
Kirche ist auf die Dauer an die der *litterae* gebunden. Ohne
sie, und damit ohne Schulen, kann die Kirche nicht »blühen«. Für die Pfarrer ist nicht nur eine theologische Ausbildung nötig, sondern auch eine *liberalis eruditio*, auf der sie
beruht. Denn alle *artes* und Wissenschaften hängen untereinander zusammen; sie bilden einen »*orbis doctrinarum*«
(III,9). Die Sorge für die Schule wird deshalb für Melanchthon aus religiösen Gründen fast so wichtig wie die für die
Kirche. Unablässig mahnt er, den Niedergang des Christentums auch mit pädagogischen Mitteln zu verhindern. Außer
einer soliden sprachlichen Grundbildung ist für das Theologiestudium besonders die *dialectica* notwendig. Denn gerade
auch in der Theologie kommt es auf klare Begriffe und
logische Ordnung an. Das logische Denken kann auch der
Theologe am besten bei Aristoteles lernen. Das größte Übel,
das die Kirche nach Melanchthon befallen kann, ist die
corruptio doctrinae. Dieses muß auch mit philosophischen
und pädagogischen Mitteln ferngehalten werden.

2.4 Anthropologie

Wichtige anthropologische Vorstellungen Melanchthons
sind in dem bisher Gesagten schon angeklungen. Sie müssen
jedoch noch etwas ergänzt werden.

Der Mensch kann zählen, er versteht nicht nur das Einzelne,
sondern auch das Allgemeine. Er bringt eingeborene Kenntnisse mit, kann aus Voraussetzungen Schlüsse ziehen, *artes*
aufbauen, seine eigenen Vernunftschlüsse beurteilen, Fehler
entdecken und korrigieren. Er kann auch sich selbst, seine
äußeren und inneren Handlungen kritisch beurteilen (*actus
reflexi*) und das Ehrenwerte vom Schändlichen unterscheiden (III,328). Auf sein Verhalten haben jedoch nicht nur
seine *notitiae* und seine *ratiocinationes* Einfluß, sondern
auch seine *affectus*. Unter einem *affectus* versteht Melanchthon eine »Bewegung, mit der die Sinne oder der Wille
etwas Gegenübertretendem zustreben oder ausweichen«
(III,188).

Ausdrücklich setzt sich Melanchthon von den Stoikern ab,
welche alle *affectus* als Störung der Vernunfttätigkeit negativ
bewerten. Für Melanchthon gibt es vernunftgemäße und
vernunftwidrige *affectus*.

Zu dem auch pädagogisch wichtigen und damals zwischen
Luther und Erasmus strittigen Problem der Willensfreiheit
nimmt Melanchthon so Stellung:

Er unterscheidet zwischen inneren Vorgängen (*affectus*) und
äußeren (*externae actiones*). Er schreibt dem Willen die
Fähigkeit zu, sich an den Einsichten der Vernunft auszurichten und diese Ausrichtung auch in die Sphäre des äußeren Handelns hinein durchzusetzen (III,179 und 186). Keine
Freiheit hat der Wille jedoch gegenüber wertwidrigen Affekten. Ihr Auftreten kann er nicht verhindern. Er kann deshalb
auch nicht den Gegensatz beseitigen, der immer wieder
zwischen ehrbaren äußeren Handlungen und schändlichen
inneren Affekten auftritt. In vielen Fällen kann er auch nicht
verhindern, daß sich schändliche Affekte nach außen aus-

wirken. Ebensowenig vermag er stets die Überführung richtiger ethischer Einsichten in äußere Handlungen gegen entgegengerichtete *affectus* durchzusetzen. *Mens* und negative *affectus* machen sich immer wieder den Einfluß auf den Willen streitig.

2.5 Sprachliche Bildung

Die Sprache ist das wichtigste Instrument des Geistes. Der Mensch denkt im Medium der Sprache. Sprachliche Ausdrucksfähigkeit und Urteilskraft hängen von Natur aus zusammen. »*Prudentia* und *Eloquentia* sind so eng verbunden, daß sie auf keine Weise getrennt werden können« (III,49). »Es gibt nichts, dessen Gebrauch sich auf so weite Gebiete erstreckt, wie die Vorteile der Sprache.« Gleichzeitig steht für ihn fest, »daß es nichts Schwierigeres gibt, als sich deutlich und klar (*dilucide ac perspicue*) auszudrücken«.

Ein verkommener und fehlerhafter Sprachgebrauch weist auf fehlerhaftes Denken. Häufig wird durch einen solchen »die Wahrheit selbst verkehrt« (*pervertitur veritas ipsa*). Melanchthon hält es nicht für einen Zufall, daß Irrtümer und fanatische Meinungen häufig mit einer verworrenen Sprache und schlechtem Stil zusammen auftreten. Die Verdorbenheit der Sprache wirkt sich nachteilig auch auf die sittliche Haltung aus (*mentis character fere est ipsa orationis forma*; III,146). Eine *oratio pura et perspicua* ist folglich für jegliche Wissenschaft unabdingbar.

Neben den logischen Qualitäten der Sprache geht es Melanchthon auch um die ästhetischen. Diesen kommt für den Humanisten Melanchthon durchaus ein hoher Eigenwert zu. Doch hält er es für nötig, sie auch noch von ihren logischen Qualitäten her zu rechtfertigen. *Peperit elegantiam necessitas*, alles barbarisch Ausgedrückte bleibt auch undeutlich. Die rhetorische Ausschmückung trägt auch zur Klarheit bei (III,48).

Die pädagogischen Folgerungen, die Melanchthon aus dieser Auffassung von der Sprache zieht, lassen sich leicht erraten. Wer die geistigen Kräfte der Aufwachsenden stärken will, muß auf ihre Sprache achten. Sprachliche Sensibilisierung schärft die Wahrnehmungsfähigkeit für Sachprobleme. Jegliche wissenschaftliche Bildung muß auf einer gediegenen sprachlichen aufruhen. Wer vorzeitig zu den »sogenannten seriöseren Disziplinen« (*graviores, ut vocant, disciplinas*; III,61), also zur Rechtswissenschaft, Medizin, Theologie, vordringt, vertut in Wirklichkeit seine Zeit, weil ihm die Grundlagen fehlen. Wer Zeitverluste vermeiden und es zu wirklicher Meisterschaft bringen will, muß die rechte Ordnung der Lehrgegenstände einhalten.

Nur die *perpoliti primis rudimentis* können auf wissenschaftlichem Gebiet sinnvoll arbeiten. Hier vertritt Melanchthon mit den anderen Humanisten jedoch Auffassungen, die später heftig bestritten wurden: »Weil die Wörter die Zeichen (*notae*) der Dinge sind, geht die Erkenntnis der Wörter voraus« (III,83/84). Den heutigen Lateinunterricht würde Melanchthon heftig ablehnen, weil er nur auf passive Sprachbeherrschung aus ist. Durch bloßes Zuhören oder bloße Lektüre wird die Schärfe des Geistes (*ingeniorum aciem*) abgestumpft. *Stilo excitetur animus*, durch das eigene Abfassen von Texten werde der Geist aufgeweckt (III,55). Nur wer sich selbst im Schreiben versucht hat – Melanchthon meint sowohl Prosa als auch Poesie – kann auch den Stil anderer beurteilen.

Wo er von sprachlicher Bildung spricht, hat Melanchthon durchwegs das Lateinische im Auge. Auch in seiner Elementarschule wird von Anfang an die lateinische Sprache gepflegt. Selbst die Anfangsgründe des Lesens und des Schreibens werden an lateinischen Texten erworben.

Nach dem Urteil seiner Zeitgenossen schreibt Melanchthon selbst nicht nur einen hervorragenden lateinischen Stil, sondern ist auch einer der bedeutendsten Gräzisten und Hebraisten seiner Zeit. Das Lateinische ist für ihn Gebrauchsspra-

che. Seine besondere Liebe gilt dem Griechischen. Gelegentlich verfaßt er griechische Gedichte und schreibt an gute Freunde griechische Briefe. In hymnischen Worten preist er die griechische Sprache – auf Lateinisch: Alle Sterblichen sollten Griechisch lernen. Das Griechische ist eine heilige Sprache. Nicht ein Zufall ist es, sondern ein Werk der Vorsehung, daß das Evangelium zuerst in griechischer Sprache verkündigt wurde (*singulari consilio divino factum est*). Denn durch ihre vielen Vorzüge ist die griechische Sprache des Evangeliums besonders würdig. Keine kommt ihr an *suavitas* und *elegantia* gleich. Wegen des Wohlklangs dieser Sprache wirken griechische Texte nicht nur von ihrem Inhalt her zivilisierend und humanisierend.

»Wie beseligend (*dulce*), ja welch ein Glück ist es folglich«, ruft Melanchthon enthusiastisch aus, »mit dem Sohn Gottes, mit den Evangelisten und den Aposteln, mit dem heiligen Paulus ohne Dolmetscher sprechen und ihre echten und lebendigen Worte hören und wiedergeben zu können!« (III,140.)

2.6 Moralerziehung

Für das ethische Handeln (*honesta actio*) nennt Melanchthon als »Wirkursachen« die *mens*, genauer das *dictamen rectae rationis* und den Willen, der diesem Urteil gehorcht. Dazu müssen drei »Hilfsursachen« treten, nämlich *doctrina*, »natürliche Antriebe« (*naturales impetus*) und »Gewöhnung oder Zucht« (*assuefactio seu disciplina*; III,176). Wesentlich erleichtert werden »ehrbare Handlungen« durch »Tugenden«. Unter einer Tugend (*virtus*) versteht Melanchthon im Anschluß an Aristoteles einen »*habitus*, der den Willen zum Gehorsam gegenüber der rechten Vernunft geneigt macht«. Wie für Aristoteles steht auch für Melanchthon fest, daß *habitus* durch ihnen entsprechende häufige Handlungen, also durch Übung und Gewöhnung entstehen, soweit sie nicht schon von Natur aus mitgegeben sind.

Da die *doctrina* eine wichtige »Hilfsursache« des ethischen Handelns darstellt, ist eine gewisse ethische Belehrung für alle notwendig. Sie muß eine Beschreibung der Tugenden enthalten und zum Urteil darüber anleiten, *quid deceat, quid non deceat* (III,85). Klare Einsicht in das Wesen des Guten setzt die entsprechenden Handlungsmotive frei. Der Wille gehorcht dann leichter, »weil ihn die Schönheit der Tugend gefangen nimmt« (*capta pulchritudine virtutis*; III,176). Damit *vulgaria praecepta* nicht einfach mechanisch gehandhabt werden, muß eine *liberalis doctrina* hinzutreten. Moralisches Urteil und Handeln gewinnen dadurch an *suavitas* und *elegantia*.

Melanchthon ist jedoch nicht so einfältig zu meinen, kognitive Motive könnten zur Ethisierung des Menschen ausreichen. Mit einer solchen Auffassung würde die Macht der *affectus* unterschätzt. Ethisch negative *affectus* können jedoch durch positive kompensiert werden. Hier kommt die moralpädagogische Bedeutung der schönen Literatur ins Spiel. Die Darstellung menschlicher Schicksale und Handlungen durch gute Schriftsteller kann tiefer dringen als eine moralphilosophische Abhandlung. Sie kann bis ins *pectus* gelangen.

Die wichtigsten ethischen Handlungsimpulse setzt das Evangelium frei. Deshalb besteht für Melanchthon ein enger Zusammenhang zwischen moralischer und religiöser Erziehung. Es wird sich jedoch zeigen, daß es vorschnell geurteilt wäre, wollte man gegen Melanchthon den Vorwurf erheben, der mit weitaus größerem Recht schon von Zeitgenossen dem Erasmus gemacht wurde, die Religion trete völlig in den Dienst der Moral, ja sie reduziere sich auf Moral. Dagegen wird sich zeigen, daß sich Melanchthons Moralphilosophie und Pädagogik spannungsfrei in den Rahmen seiner Theologie einfügen.

2.7 Religiöse Erziehung

Zu grundsätzlichen Fragen religiöser Erziehung äußert sich Melanchthon eher implizit in seinen theologischen Schriften. Explizite und systematische Äußerungen finden sich dazu in seinen Schriften nur wenige. Er äußert sich jedoch zu praktischen religionspädagogischen Fragen in Schriften zur Kirchenreform, besonders dem *Unterricht der Visitatoren* von 1528. Zudem hat er etliche Texte für die Hand der Kinder und Jugendlichen abgefaßt.

Das umfangreichste einzelne religionspädagogische Werk Melanchthons ist seine *Catechesis puerilis* von 1540. Sie enthält eine Einführung in die Bedeutung der Katechese, eine lange Auslegung des Dekalogs von 200 Seiten und behandelt zusätzlich die Themen Gesetz-Evangelium, Rechtfertigung, gute Werke und Sakramente.

Religiöse und sonstige Erziehung durchdringen sich bei Melanchthon. Religiöse Texte dienen als Grundlage für sprachliche Übungen. Literarische und philosophische Texte erschließen vielfach auch die religiöse Dimension und wirken so in religiöser Hinsicht propädeutisch.

Die Texte, an denen die Kinder Lesen und Schreiben lernen sollen, sind das Vaterunser, das Glaubensbekenntnis und Gebete. Für die Fortgeschrittenen soll ein ganzer Tag der christlichen Unterweisung gewidmet sein. Dabei kommt es besonders auf das Auswendiglernen des Vaterunsers, des Glaubensbekenntnisses und der zehn Gebote an. Der Schulmeister soll diese Texte jedoch auch sorgfältig auslegen. Außerdem sollen Psalmen auswendig gelernt werden, das Evangelium nach Matthäus ist sowohl grammatisch als auch dem Inhalt nach zu »exponieren«. Außerdem sollen weitere biblische Bücher gelesen werden. In den Unterricht und in das häusliche Leben will Melanchthon häufige Andachtsübungen eingestreut sehen.

2.8 Didaktische Prinzipien

Die Betonung der Primärmotivation,
die Warnung vor *manchfeltickeit*,
die Forderung, eine sachgemäße Anordnung der Lehrgegenstände einzuhalten,
die Forderung, auf das Fassungsvermögen der Schüler
Rücksicht zu nehmen,
die Forderung, sich bei der Auswahl von Texten an
bestimmten Kriterien zu orientieren.

Dies sind Melanchthons didaktische Prinzipien. Aus der
Schädlichkeit der *manchfeltickeit* folgt die Mahnung, die
Schüler nicht etwa in vier Sprachen gleichzeitig zu unterrichten, sondern sich zunächst auf Latein zu beschränken. Auf
späteren Stufen kommt es nicht auf die Menge der erarbeite-
ten Texte an, sondern auf die Gründlichkeit. Gerade wenn
die Beschäftigung mit einem Autor stilbildend wirken soll,
muß der gleiche Text immer wieder gelesen werden.
Zum Auswahlproblem findet sich bei Melanchthon die
Mahnung: *ex optimis optima selige* (III,59). Er benennt in
diesem Zusammenhang die Kriterien für *optima* nicht. Sie
lassen sich jedoch aus dem Gesamtwerk unschwer erschließen; es sind die sprachliche Qualität und der moralpädagogische Gehalt eines Textes.
Für Melanchthon steht fest, daß jemand auf einem bestimmten Gebiet nur etwas leisten kann, wenn ihn die Sache selbst
interessiert und er sich damit nicht nur aus Gründen des
Erwerbs oder des Ehrgeizes beschäftigt. Er beklagt, daß
sowohl Schüler als auch Eltern mehr nach äußeren Vorteilen
schielen als den Eigenwert der Lehrgegenstände erkennen.

2.9 Schulorganisation

Wie schon im Zusammenhang des Lebenslaufs erwähnt, wurde Melanchthon immer wieder bei der Einrichtung neuer Schulen konsultiert. Er hat sich zur Einrichtung von Elementarschulen, höheren Schulen und Hochschulen geäußert. Aus Raumgründen können hier nur die Vorschläge genannt werden, die sich in seiner Schrift *Unterricht der Visitatoren* von 1528 (I,215–271) finden. Der größte Teil dieser Schrift handelt von Fragen der Kirchenorganisation und der christlichen Lehre, der letzte Abschnitt jedoch von der Lateinschule.

Melanchthon schlägt vor, die Kinder nach ihrem Lernstand in drei »Haufen«, einzuteilen. Der erste Haufen lernt Lesen und Schreiben sowie die Anfangsgründe der lateinischen Grammatik und erwirbt einen Grundwortschatz. Der zweite Haufen wendet sich leichteren lateinischen Schriftstellern wie Aesop und Terenz zu und vertieft an ihnen die Grammatik. Es soll jedoch auch schon der Weg zu eigener sprachlicher Gestaltung beschritten werden. Der dritte Haufen soll sich mit Cicero und Vergil beschäftigen und in Metrik, Dialektik und Rhetorik eingeführt werden, um sich so auf die Hochschule vorzubereiten.

2.10 Lehrer

Viel Erheiterndes und offensichtlich überzeitig Gültiges vermag Melanchthon *de miseriis paedagogorum* in einer Rede von 1533 zu sagen (III,70–82). Nicht einmal im Zuchthaus (*in ergastulis*) können Menschen unglücklicher sein denn als Lehrer. Die Aufgabe, Schüler zu unterrichten, ist so undankbar wie die, »ein Kamel tanzen oder einen Esel Flöte spielen zu lehren«. Der Lehrer arbeitet oft völlig vergeblich (*frustra*). Es fehlt den Schülern an jeglichem Interesse für die Sache. Nur gezwungenermaßen nehmen sie ein Buch in die Hand. »Ihr Geist und ihre Augen gehen jedoch spazieren« –

oculi atque animus expatiantur. Notorisch ist die Undankbarkeit der Schüler. Weit davon entfernt, die Verdienste des
Pädagogen einzusehen, meinen sie, niemand mache sich
weniger um sie verdient. Keine wesentlich andere Haltung
nehmen die Eltern ein. Sie denken nicht daran, den Lehrer
für die Lernerfolge der Schüler zu loben, machen ihn aber
für ihre Mängel verantwortlich.

3 Zum Verhältnis des Theologischen und des Pädagogischen

3.1 Theologische Einbettung der Pädagogik

Die philosophische Anthropologie und Ethik, auf der Melanchthons pädagogische Vorstellungen fußen, ist bei ihm
theologisch umgriffen. Von theologischen Prämissen her
bestimmt er die Reichweite ethisch-pädagogischer Theorie
und Praxis.

Melanchthon legt aus theologischen Gründen größten Wert
auf die genaue Unterscheidung von Evangelium und Moralphilosophie. Im Evangelium verheißt Gott selbst, er wolle
den Menschen um Christi willen gnädig sein. Durch die
Moralphilosophie erkennt der Mensch die *lex naturae,* die
den Willen Gottes ausdrückt. Das Evangelium könnte sich
der Mensch niemals selbst sagen, das Naturrecht vermag er
mindestens teilweise zu erkennen. Die »Unterscheidung von
Ehrenhaftem und Schändlichem« ist ihm angeboren. Die
Moralphilosophie hat die dem Menschen mitgegebenen *certae notitiae* zu formulieren und aus ihnen als *principia
conclusiones* zu entwickeln (III,158).

3.2 Der ursprüngliche Mensch

Der ursprüngliche Mensch ist das Ebenbild Gottes. Der
Sinn einer *imago* besteht darin, ihren *archetypus* darzustellen
(*ostendere*). So ist also der Sinn (*finis*) des Menschen, »Gott

zu erkennen und seine Herrlichkeit kundzutun« (III,164).
Der ursprüngliche Mensch ordnet sich Gott in vollkomme-
nem Gehorsam unter. Seiner Unterordnung unter Gott
entspricht die spannungslose Unterordnung der niedrigeren
Kräfte unter die höheren in ihm selbst (*concordia*). Wesentlich für den Menschen ist also seine Beziehung auf Gott und
zu Gott. Das eigentliche Menschsein ist gekennzeichnet
durch Liebe und Vertrauen zu Gott.

3.3 Der vorfindliche Mensch

Der Mensch, wie er sich vorfindet, ist Gott und damit sich
selbst, seinem eigentlichen und ursprünglichen Wesen, ent-
fremdet (Sünde). Gekennzeichnet ist diese Entfremdung
durch das Fehlen der Furcht vor Gott und des Vertrauens zu
Gott sowie durch die *concupiscentia*, die ἀταξία *in omnibus
appetitionibus*, also eine innere Disharmonie (discordia:
III,191 f.). Durch die Sünde ist die ursprünglich angeborene
Erkenntnis Gottes und seines Willens, der *lex naturae*,
»verdunkelt« (*obscurata*) (III,164). Der Ausdruck *obscurata*
ist relativ, nicht absolut zu verstehen. Auch im sündigen
Menschen bleibt ein gewisses Maß an Erkenntnis Gottes und
des Guten.
Die Sünde qualifiziert das ganze Sein und Tun des Menschen. Auch die edelsten Motive und Handlungen sind
davon nicht frei. Das Handeln ist ethisch nicht nur nach
seinem Inhalt zu beurteilen, sondern auch vom handelnden
Subjekt her, von dem es nicht abgelöst werden kann. Gefordert ist nicht nur, daß das Handeln des Menschen mit dem
Willen Gottes übereinstimme, sondern daß der Mensch
selbst dem Willen Gottes entspreche. Diese Entsprechung
kann er aus eigener Kraft nicht herstellen. Folglich ist er
auch nicht zu einem eindeutig guten Tun in der Lage.

3.4 Willensfreiheit

Der Mensch kann nicht von sich aus die Entfremdung von
Gott aufheben. Er vermag aus eigener Kraft nicht, Gott
vollkommen zu lieben und ihm gänzlich zu vertrauen. Er
findet sich immer schon in einer Grundhaltung vor, durch
die er das eigene Ich über Gott stellt. Er ist auf die Wertstei-
gerung seiner Person aus, nicht auf die Verherrlichung Gottes. Auch in seinem religiösen und ethischen Handeln geht
es ihm letztlich darum, sich selbst zur Geltung zu bringen.
Diese Abgewandtheit von Gott kann er nicht von sich aus
überwinden. Er besitzt also in dieser Hinsicht keine Willensfreiheit. Heilsbedeutsam kann nur Gott handeln, nicht
der Mensch selbst.
Kann also der Mensch die »Regungen seines Herzens gegenüber Gott« nicht bestimmen und den »inneren und vollkommenen Gehorsam, den das Gesetz Gottes verlangt«, nicht
erbringen, so ist sein Wille doch fähig, seine »Affekte gegenüber dem Menschen« zu mäßigen und ethischen Kriterien
entsprechende »äußere Handlungen« zu vollbringen. *Aliquo
modo* kann der menschliche Wille dem »Urteil der Vernunft« gehorchen und dieses Urteil auch gegenüber den
»äußeren Gliedern« seines Leibes durchsetzen (III,179). Der
Ausdruck *aliquo modo* weist darauf hin, daß Melanchthon
die Willensfreiheit auch hinsichtlich des äußeren Handelns
vom Handelnden selbst her als eingeschränkt ansieht. Diese
Einschränkung drückt der Artikel 18 der *Confessio Augustana* aus: »[...] daß der menschliche Wille eine gewisse
Freiheit besitze, bürgerliche Gerechtigkeit zu bewirken und
der Vernunft unterworfene Dinge auszuwählen«. Dieser
eingeschränkte Bereich läßt sich jedoch auch durch Erziehung ausweiten. Denn der Überblick der Vernunft läßt sich
durch Belehrung steigern, die Gefügigkeit von Affekten und
Äußerungen gegenüber Willensimpulsen durch Gewöhnung.

3.5 Erheblichkeit äußerer Handlungen

Melanchthon wird nicht müde zu betonen, daß menschliche Handlungen zwar niemals heilsbedeutsam werden können, diese fehlende Heilsbedeutsamkeit jedoch den Unterschied zwischen *honesta* und *turpia* nicht aufhebe. Die Menschheit lebt zwar insgesamt in der Nacht der Sünde, doch sind in dieser Nacht dennoch nicht alle Katzen gleich grau. Zwar sind, wie bei Augustinus, im Nicht-Glaubenden (*in impio*) alle *affectus vitiosi*. Dennoch bleibt die Unterscheidung (*discrimen*) zwischen solchen, die nur *contagio* schlecht sind, und solchen, die es auch ihrem Inhalt nach sind (III,100 ff.). Die Wichtigkeit der Erziehung ergibt sich aus der Wichtigkeit dieser Unterscheidung. Wo das absolut Gute unmöglich ist, soll doch – auch mit pädagogischen Mitteln – das relativ Gute gefördert werden.

3.6 Rechtfertigung

Da der Mensch seine ursprüngliche und seinem Wesen entsprechende Beziehung zu Gott aus eigener Kraft selbst nicht wiederherstellen kann, bietet ihm Gott von sich aus eine neue Beziehung an. Er sieht von der Entfremdung des Menschen ab und nimmt ihn in Christus bedingungslos an, so wie er ist. Vom Menschen wird nicht mehr verlangt, als sich auf das Angebot göttlicher Gnade einzulassen. Die Gnade Gottes in Christus ergreift der Mensch durch den Glauben. »Die Menschen können vor Gott nicht durch ihre eigenen Kräfte, Verdienste oder Werke gerechtfertigt werden, sondern sie werden umsonst – gratis – um Christi willen durch den Glauben gerechtfertigt, wenn sie glauben, sie würden um Christi willen in die Gnade aufgenommen und ihre Sünden würden vergeben.«

3.7 Glaube – Werke

Die Annahme der Rechtfertigung im Glauben verändert die Grundhaltung des Menschen gegenüber Gott und dem Mitmenschen. Sie entläßt aus sich Motive ethischen Handelns (*novos affectus*). Wenn Melanchthon in *Confessio Augustana* VI schreibt, »daß jener Glaube gute Früchte hervorbringen muß«, dann meint er mit diesem »muß« (*debeat*) nicht nur eine sittliche Verpflichtung, sondern primär eine wesensmäßige Notwendigkeit. Die neue Beziehung zu Gott kann nicht umhin, sich auch ethisch auszuwirken. Damit gewinnt das Evangelium auch moralpädagogische Bedeutung, wenngleich es nicht primär als moralpädagogisches Mittel gesehen werden darf. Melanchthon hebt immer wieder hervor, daß das Evangelium den Menschen in einer Tiefe heilt, die durch pädagogische Maßnahmen nicht erreicht werden kann. Hauptsachen ethischen Handelns sind bei den Christen »die Kenntnis des Evangeliums und der heilige Geist, der die menschlichen Kräfte unterstützt und antreibt«.
Die durch den Glauben freigesetzte ethische Handlungsmotivation wirkt nicht automatisch in die richtige Richtung. In diese muß sie vielmehr durch das Denken gewiesen werden. Folglich bedürfen auch die Glaubenden der ethischen Belehrung.

3.8 Stellenwert des Pädagogischen bei Melanchthon

Den theologisch bestimmten Stellenwert des Pädagogischen faßt das folgende Schema zusammen.

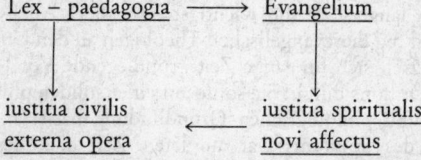

Lex – paedagogia ⟶ Evangelium

iustitia civilis ⟵ iustitia spiritualis
externa opera   novi affectus

Eine Erziehung, die sich am durch die Vernunft erkennbaren Sittengesetz orientiert, kann bürgerliche Gerechtigkeit hervorbringen und damit zu einem geordneten Zusammenleben beitragen. Dadurch, daß sie den Menschen diszipliniert und christliche Inhalte aufnimmt, fördert sie gleichzeitig die Hörbereitschaft für das Evangelium. Wo dieses im Glauben angenommen wird, entsteht die »Gerechtigkeit vor Gott«, deren ethische Seite in »neuen Affekten« besteht. Diese stellen eine für das Wirken im Sinne bürgerlicher Gerechtigkeit zusätzliche Energiequelle dar.

4 Zur Wirkungsgeschichte und bleibenden Bedeutung der Pädagogik Melanchthons

Melanchthons pädagogisches Engagement wirkte in vielfältiger Weise über seine Lebenszeit hinaus fort. Pädagogische Vorstellungen von ihm lebten in der Ordnung von Schulen weiter, bei deren Einrichtung er konsultiert worden war, so in Magdeburg, Eisleben und Nürnberg. Eine langfristige Wirkung war auch den verbreiteten Grammatik-, Rhetorik-, Dialektik-, Psychologie-, Ethik-, und Dogmatiklehrbüchern Melanchthons weiter über seinen Tod hinaus beschieden. Einige seiner Schüler wirkten als bedeutende Schulmänner in seinem pädagogischen Geiste weiter, so Valentin Trotzendorf in Goldberg und Michael Neander in Ilfeld. Die besonders auch von Melanchthon geförderte enge Verbindung von Kirche und Schule blieb auf Jahrhunderte hinaus erhalten. Latein und Religion waren wie bei Melanchthon lange Zeit die wichtigsten Fächer. Auch bei der Ausbildung der evangelischen Theologen an den Universitäten setzten sich für lange Zeit grundlegende Vorstellungen Melanchthons durch: Sie sollte auf einer soliden philosophischen und philologischen Grundbildung basieren. Mittelpunkt des Studiums war auf lange Zeit die Exegese der

biblischen Originaltexte, welche gediegene Kenntnisse der alten Sprachen erforderte.

Bleibende Bedeutung kommt folgenden Einsichten Melanchtons zu:

a) Zwischen Verkündigung und Erziehung ist klar zu unterscheiden. Weder darf das Evangelium – etwa durch Moralisierung – zum Mittel der Erziehung werden, noch dürfen die Möglichkeiten der Erziehung so überschätzt werden, als könnte sie für den letztgültigen Sinn menschlichen Lebens aufkommen, also zu einer Art Erlösung werden. Ein gewisses kulturelles Niveau ist sowohl beim Individuum als auch in der Gesellschaft durch Erziehung herstellbar. Doch besteht darin nicht das Heil des Menschen. Vielmehr gibt es nicht nur den kultivierten Glauben, sondern auch den kultivierten Unglauben. Für Melanchthon steht theologisch fest, daß es Erziehung auch abgesehen vom Evangelium gibt. Aus theologischen Gründen ist Pädagogik nicht aus der Theologie abzuleiten. Was man später Autonomie der Pädagogik genannt hat, ist bei Melanchthon theologisch begründet. Andererseits können aber Christen als Pädagogen auch nicht einfach von der christlichen Botschaft absehen. Vielmehr werden ihre pädagogischen Bemühungen – in Theorie und Praxis – immer auch von der Absicht geleitet sein, Voraussetzungen für die Erhaltung und Ausbreitung des Christentums zu schaffen.

b) Das Verstehen der Glaubensinhalte auf dem jeweils erreichten Bildungsniveau ist für den Glaubensvollzug förderlich. Im evangelischen Bereich soll es keine bloße *fides implicita* geben. Jedem Aufwachsenden ist deshalb zu einer – seinen sonstigen geistigen Möglichkeiten entsprechenden – theologischen Grundbildung zu verhelfen.

Zu diesem kognitiven Aspekt der religionspädagogischen Aufgabe tritt ein affektiver. Auch in die Glaubenspraxis soll *externa disciplina* eine gewisse Ordnung bringen: Gewöhnung an feste Gebetszeiten, liturgische Bräuche usw.

c) Da sich ethische Einsicht in Handlungsmotive umsetzen

kann, ist sie didaktisch zu fördern. Moralpädagogische Bemühungen müssen deshalb auf eine gewisse ethische Denkfähigkeit zielen. Als Inhalte dienen dazu moralphilosophische Theorien sowie historische und literarische Exempla. Jedoch unterschätzt Melanchthon auch nicht die Stärke amoralischer *affectus. Externa disciplina* kann sie zwar in ihren Auswirkungen begrenzen, jedoch sowenig völlig beseitigen wie die ethische Einsicht. Innere Übereinstimmung mit dem erkannten Guten ist nur auf der Grundlage ganzheitlicher Sinnerfahrung möglich. Moralpädagogik muß deshalb Religionspädagogik einschließen.

d) Von bleibender Bedeutung ist auch Melanchthons Forderung nach einer allgemeinbildenden Grundlage für Fachstudien. Wenn jede einzelne *doctrina* in den *orbis* eines Ganzen gehört, dann verlangen einzelwissenschaftliche Kenntnisse nach Einbettung in ein Gesamtverständnis, zu dem sich vielerlei Perspektiven zusammenschließen. Noch wichtiger ist in diesem Zusammenhang die Einsicht, daß Fachstudien allgemeine Fähigkeiten bereits voraussetzen und daß diese nicht erst parallel erworben werden können.

e) Aus der Einsicht in die Bedeutung der Sprache als Medium des Denkens folgt, daß allgemeinbildende Bemühungen ihren Schwerpunkt im sprachlichen Bereich haben müssen. Was Sprache leistet, wie Wirklichkeit durch Sprache erfaßt und weiter vermittelt wird, sollte an der Muttersprache und wenigstens einer Fremdsprache deutlich werden. Beide sollten Gegenstand grammatikalischer, lexikalischer, stilistischer und rhetorischer Studien und Übungen sein. Dabei kommt es auf passive und aktive Sprachbeherrschung an. Die Forderung, neben der Muttersprache wenigstens eine Fremdsprache zu berücksichtigen, entspricht in der gegenwärtigen Situation durchaus Melanchthons Beschränkung auf das Lateinische: Denn dieses war zu Melanchthons Zeiten sowohl eine durch Unterricht zu erlernende fremde Literatursprache als auch Medium gepflegter mündlicher und schriftlicher Kommunikation.

5 Zur Auswahl und Anordnung der Texte

Die Texte sind so ausgewählt, daß Melanchthon mit allen wesentlichen Aspekten seiner Bildungstheorie und ihren philosophisch- und theologisch-anthropologischen Grundlagen zu Wort kommt.

Sie geben die Position des reiferen, also nicht des jüngeren zu prädestinatianischen und antiphilosophischen Vorstellungen neigenden Melanchthon wieder. Deshalb wurden beispielsweise nicht die bekannteren Loci von 1521, sondern nur die von 1559 herangezogen.

Die Anordnung der Texte folgt dem Schema erkenntnistheoretische Grundfragen, philosophische und theologische Anthropologie, Theorie der Bildungsinhalte (besonders Ethik und Sprachen), Theorie der Schule.

Jeder Textauszug stellt eine aus sich verständliche Sinneinheit dar.

Liber de anima
(1553)

(III,340–342)

Copiose autem in dialecticis dicitur de normis certitudinis, quas Graeci nominant κριτήρια. Hic tantum obiter iuniores commonefacio, ut magis considerent, qualis sit naturalis lux in intellectu, et quae sit iudicii regula, et unde sit assensionis firmitas.

Sunt igitur normae certitudinis iuxta philosophiam tres: Experientia universalis, notitiae principiorum et intellectus ordinis in syllogismo.

Experientia universalis est, cum de iis quae sensu percipiuntur, omnes sani eodem modo iudicant, ut ignem esse calidum, feminam parere. In vita animantium, sensum et motum esse. Mortem destructionem esse animantium. Ostendit autem universalis experientia notitiam esse certam, quia si oppositum in usu velis experiri, sequitur naturae destructio, ut, si quis negans ignem urere, manum inserat flammis, sentiet certe eam absumi. Fatendum est igitur naturam sic conditam esse, et tale esse opus Dei. Nec alia demonstratio longior quaerenda est. Et dissentire ab universali experientia, est ipsi Deo bellum inferre, et negare hunc ordinem a Deo sancitum esse, ut si quis neget feminam parere, et conetur sculpere vivos homines.

Principia sunt notitiae nobiscum nascentes, quae sunt semina singularum artium divinitus insita nobis, ut inde artes extruantur, quarum usus in vita necessarius est, ut

Erkenntnistheorie: Gewißheitskriterien

In der Dialektik werden ausführlich die Gewißheitsnormen abgehandelt, welche die Griechen »Kriterien« nennen. Hier möchte ich die studierende Jugend nur beiläufig zu mehr Aufmerksamkeit dafür anhalten, welcher Art das natürliche Licht im Denken sei, welche Regel des Urteils gelte und woher die Festigkeit der Zustimmung stamme.

Der Philosophie nach gibt es drei Gewißheitsnormen: die allgemeine Erfahrung, die Kenntnis der Anfangsgründe und die Einsicht in die Ordnung bei der logischen Schlußfolgerung.

»Allgemeine Erfahrung« meint, daß alle normalen Menschen über sinnlich Wahrnehmbares in gleicher Weise urteilen: Feuer ist heiß. Frauen gebären. Tierisches Leben zeichnet sich durch sinnliche Wahrnehmung und Bewegung aus. Der Tod ist die Zerstörung tierischen Lebens. Die allgemeine Erfahrung weist auf die Gewißheit solchen Wissens. Denn will man das Gegenteil erproben, dann folgt daraus Zerstörung. Wenn etwa jemand die Brandwirkung des Feuers leugnet und seine Hand in die Flamme hält, fühlt er sicher, daß sie verzehrt wird. Man muß also zugeben, daß die Wirklichkeit als Schöpfung Gottes so beschaffen ist. Man braucht nicht nach einem ausführlicheren Beweis zu suchen. Sich gegen die allgemeine Erfahrung zu stellen läuft darauf hinaus, Krieg gegen Gott selbst zu führen und zu leugnen, daß diese Weltordnung von Gott so gefügt ist. Man denke sich etwa, einer bestritte, daß die Frauen gebären, und versuchte, lebendige Menschen zu meißeln.

»Anfangsgründe« sind Wissensinhalte, mit denen wir auf die Welt kommen. Als Keime der einzelnen Wissenschaften sind sie uns von Gott eingepflanzt, damit wir daraus lebensnotwendige Techniken entwickeln können. Beispiele für

notitia numerorum, ordinis, proportionum et multarum
propositionum. Quodlibet est, aut non est. Totum est maius
qualibet sua parte. Deus est mens aeterna, sapiens, verax,
iusta, casta, benefica, conditrix mundi, servans rerum ordinem, et puniens scelera. Mens humana ad hanc similitudinem condita est. Sit igitur homo verax, iustus, beneficus,
castus. Huic normae obtemperare est recte facere. Discedere
ab hac norma, est facere Deo displicentia et turpia. Et
discedens accersit sibi poenas. Plura de principiis dicuntur in
dialecticis.

Tertium κριτήριον est: Intellectus ordinis in syllogismo,
recte coagmentatis membris, ut latius in dialecticis dicitur.
In doctrina Stoica nominantur κριτήρια his tribus vocabu-
lis: αἴσθησις, πρόληψις et γνῶσις. Nec dubium est intelligi
experientiam, cum nominant αἴσθησιν. Et principia cum
nominant πρόληψιν. Erit igitur γνῶσις iudicium, id est,
intellectus ordinis seu consequentiae, seu connexionis.

In ecclesia habemus et quartam normam certitudinis, videlicet, patefactionem divinam, illustribus et non fallentibus
testimoniis factam, quae extat in libris propheticis et aposto-
licis. Etsi autem facilius et firmius assentitur mens humana
iis, quae luce naturali cernit, tamen simili constantia omnes
creaturas rationales assentiri oportebat sententiis a Deo pate-
factis, etiamsi luce naturali non videmus esse veras et firmas.
Ut sine dubitatione asseveramus, bis 4 esse 8: ita statuendum
est Deum excitaturum esse homines mortuos, et ecclesiam
ornaturum aeterna gloria, et impios abiecturum in aeternas
poenas. Sed multi audacissime repugnant divinis oraculis, ut
Epicurei et alii. Pars tamen aliqua generis humani assentitur,
testimoniis miraculorum mota, in qua voce Evangelii Spiri-

solche Anfangsgründe sind die Kenntnis der Zahlen, der Ordnung, der Mengenverhältnisse und zahlreicher Elementarsätze: Etwas ist entweder, oder es ist nicht. Das Ganze ist größer als jedes seiner Teile. Gott ist Geist, der ewig, weise, wahrhaftig, gerecht, wohltätig ist, diese Welt geschaffen hat, ihr Gefüge erhält und Verstöße dagegen ahndet. Der Menschengeist ist ihm ähnlich geschaffen. Also soll der Mensch wahrhaftig, gerecht, wohltätig und rein sein. Dieser Norm zu entsprechen heißt recht handeln. Von dieser Norm abzuweichen bedeutet Schändliches tun, das Gott mißfällt. Wer davon abweicht, zieht sich Strafen zu. Mehr wird über die Anfangsgründe in der Dialektik ausgesagt.

Das dritte Kriterium ist die Einsicht in die Ordnung der Schlußfolgerung, deren Glieder passend zusammengefügt sind. Ausführlicher handelt davon die Dialektik. Die stoische Lehre bezeichnet diese drei Kriterien als Aisthesis, Prolepsis und Gnosis. Aisthesis meint ohne Zweifel Erfahrung, Prolepsis Anfangsgründe und Gnosis also das vernünftige Urteil, die Einsicht in das Gefüge, die Folge oder den Zusammenhang gedanklicher Elemente.

In der Kirche haben wir noch eine vierte Gewißheitsnorm, nämlich die Offenbarung Gottes in klaren und untrüglichen Bezeugungen. Sie ist in den prophetischen und apostolischen Schriften überliefert. Wenngleich das menschliche Denken leichter und fester dem zustimmt, was es im natürlichen Licht der Vernunft erfaßt, müssen doch alle vernünftigen Geschöpfe den geoffenbarten Worten Gottes zustimmen, möchten sie auch der natürlichen Vernunft weder wahr noch begründet scheinen. Mit der gleichen Gewißheit, mit der wir behaupten $2 \times 4 = 8$, müssen wir auch sagen, Gott werde die Toten auferwecken, die Kirche mit ewiger Herrlichkeit schmücken und die Gottlosen in die ewige Pein stürzen. Jedoch widersetzen sich viele mit den Epikuräern und anderen den göttlichen Offenbarungen. Aber ein Teil des Menschengeschlechts läßt sich vom Zeugnis der Wunder bewegen und stimmt zu. Durch die Stimme des Evangeliums

tus sanctus hanc lucem accendit, et flectit mentem ad assentiendum, et mens obtemperat Spiritui sancto, amplectitur vocem Evangelii, et repugnat dubitationi. Et haec assensio quae amplectitur sententias a Deo patefactas, dicitur fides, quae quidem in aliis languidior, in aliis firmior est. Nec leve beneficium Dei esse ducamus, quod ex illa sua arcana sede prodiit, et se nobis patefecit, et ea patefactione testatus est, sibi vere genus humanum curae esse. Sit igitur patefactio illa praecipuum vitae lumen, et gubernet omnes actiones et omnia consilia. Et in cottidiana invocatione cogitemus testimonia patefactionum, ut fides accendatur, et grati bonitatem Dei agnoscamus et celebremus.

entzündet der Hl. Geist dieses Licht und lenkt unser Denken und Wollen zur Zustimmung. Es gehorcht dem Hl. Geist, nimmt die Botschaft des Evangeliums mit offenen Armen auf und widersteht dem Zweifel. Diese Zustimmung, welche die von Gott geoffenbarten Worte aufnimmt, heißt Glaube. Dieser ist in den einen stärker, in den anderen schwächer. Wir wollen es als eine nicht geringe Wohltat Gottes ansehen, daß er aus seiner verborgenen Wohnstatt hervorgetreten ist, sich uns offenbart und durch diese Offenbarung bezeugt hat, wieviel ihm am Menschen liegt. Möge daher diese Offenbarung das wichtigste Licht unseres Lebens sein und uns bei allen unseren Plänen und Handlungen leiten. Wir wollen Gott täglich anrufen und seine Offenbarungszeugnisse bedenken, damit unser Glaube entzündet werde. Wir wollen die Güte des gnädigen Gottes erkennen und preisen.

Scholia in Epistolam Pauli ad Colossenses
(1527)

(IV,230–243)

Videte, ne quis vos depraedetur per philosophiam et inanem deceptionem

Quid supra [Paulus] dixerit probabilem rationem, id exponit nunc pluribus verbis, inquiens: "Videte, ne quis vos per philosophiam depraedetur." Hoc in loco collatio humanae iustitiae ad Christianam instituitur. Est autem valde necessarium cognoscere, quid inter utramque intersit, ut sciamus, quatenus exigat Deus iustitiam humanam et quatenus improbet eam.

Philosophia, quatenus est scientia loquendi et rerum naturalium et civilium morum et ea tantum de rebus naturalibus ac moribus civilibus, affirmat ac docet, quae certa ratione comprehendit. Est vera et bona creatura Dei, est enim ipsum iudicium rationis, quod in rebus naturalibus et civilibus Deus dedit humanae naturae verum et certum, quia dicit Paulus Ro. 2., quod gentes habeant 'legem Dei scriptam in cordibus', id est: habent iudicium, quo iudicare possunt: Neminem laedendum esse; gratiam pro benefactis habendam esse; magistratibus obsequendum esse, et similia. Habent ergo homines verum et certum iudicium a Deo de civilibus moribus, item habent de rebus naturalibus, de numerando, de mensuris, de aedificando, de remediis morborum, sicut scriptum est: "Honora medicum, nam propter necessitatem

Philosophie – Theologie, Vernunft – Glaube

»Seht zu, daß euch niemand beraube durch Philosophie und leeren Trug.«[1]

Was er [Paulus] kurz vorher als »Wahrscheinlichkeitsgründe« bezeichnet hat, führt er jetzt näher aus: »Seht, daß euch niemand durch Philosophie beraube.« An dieser Stelle wird ein Vergleich zwischen der menschlichen Gerechtigkeit und der christlichen angestellt. Es ist sehr nötig, den Unterschied zwischen beiden zu erkennen, inwieweit Gott ›menschliche Gerechtigkeit‹ fordert und inwieweit er sie verwirft.

Sofern Philosophie Wissenschaft von der Sprache, der Natur und von den Sitten ist, behauptet und lehrt sie nur das von natürlichen und gesellschaftlichen Vorgängen, was sie mit sicheren Gründen begreift. Sie ist eine echte und gute Schöpfung Gottes, nämlich das vernünftige Urteilsvermögen, welches Gott dem Menschen in bezug auf Natur- und Sozialphänomene gegeben hat. Es ist zuverlässig und zur Erkenntnis der Wahrheit fähig. Denn Paulus sagt in seinem Brief an die Römer, Kapitel 2, die Heiden trügen »das Gesetz Gottes in ihre Herzen eingeschrieben«.[2] D. h.: Sie verfügen über ein Urteilsvermögen, das sie zu der Einsicht befähigt, niemand dürfe geschädigt werden, für Wohltaten solle man danken, der Obrigkeit müsse man gehorchen usw. Die Menschen haben also von Gott her die Fähigkeit, in Fragen des menschlichen Zusammenlebens wahr und zuverlässig zu urteilen. Ähnliches gilt in bezug auf die Natur, das Zählen, das Messen, das Bauen, oder die Heilung von Krankheiten, wie ja auch geschrieben steht: »Ehre den Arzt, denn um der

1 Kol. 2,8.
2 Röm. 2,15.

creavit eum Deus": cum enim ait a Deo creatum esse, docet,
quod scientia naturae corporum et remediorum sit vera et
certa et a Deo nobis ostensa. Cum igitur Paulus ait: "Cavete,
ne quis vos decipiat per philosophiam", non est sic acci-
piendum, quod illa philosophia, quae docet naturas corporum aut civiles mores, sit vana. Permittit enim uti nobis
isto iudicio rationis sicut vestitu et victu. Non vetat nume-
rare aut metiri corpora, non vetat aedificare, non vetat
pingere, non vetat mederi morbis corporum, non vetat
iudicia exercere. Immo, quia audis haec dona Dei esse tradita
naturae, multo magis debes hanc philosophiam venerari,
quam Deus dedit ad vitae praesidia paranda. Vult enim Deus
nos laborare et vivunt commodius, qui sciunt remedia morborum, qui sciunt regere res publicas, quam barbari.
Denique qui omnes illas artes sciunt, quibus in hac vita
corporali servanda utendum est, ut numerandi artem,
metiendi, aedificandi, tempora ex motibus caelestibus dis-
cernendi etc. Haec omnia, cum sint Dei dona, eo magis
amplecti et excolere debeamus. Ideo Solomo dicit: "Sapientiam bonam esse et praestare inscitiae, sicut lux tenebris
praestat", Ecclesia. 2. Vidi, qui hoc Pauli loco abusi, omnes
bonas disciplinas aspernabuntur, tamquam nihil aliud ei
esset Christiana religio nisi extrema inscitia. Sed ea opinio
tum perniciosa est rebus humanis, tum etiam simpliciter
impia. Nam cum artes omnes divinitus nobis ostensae sint
Deique dona et sint et vere vocentur, pietas quaedam est eas
colere ac discere, non contemnere. Si tamen, ut dixi, ita

Not willen hat Gott ihn geschaffen.« Wenn es aber heißt, er sei von Gott geschaffen, dann wird damit gelehrt, Wissenschaft von der leiblichen Natur und von den Heilmitteln sei wahr und zuverlässig, von Gott dargeboten. Wenn also Paulus sagt: »Hütet euch, damit euch niemand durch Philosophie täuscht«, dann ist das nicht so zu verstehen, als wäre die Philosophie, die uns über unsere leibliche Natur und unser Zusammenleben belehrt, nichtig. Er gesteht uns zu, von unserem vernünftigen Denken gleich wie von Kleidung und Nahrung Gebrauch zu machen. Rechnen, Ausmaße bestimmen, bauen, malen, Krankheiten heilen, Recht sprechen, all das verbietet er nicht. Im Gegenteil, wenn du hörst, all dies seien Gaben Gottes an das Menschengeschlecht, dann sollst du mit um so größerer Ehrfurcht der Philosophie begegnen, die Gott gegeben hat, damit wir uns für unser Leben all diese Hilfen beschaffen können. Gott will nämlich, daß wir arbeiten.

Völker, welche Heilmittel für Krankheiten und Regeln zur Gestaltung des Gemeinwesens kennen, dazu über all die Fertigkeiten verfügen, deren man zur Erhaltung des leiblichen Lebens bedarf, also etwa Rechnen, Messen, Bauen, Zeitbestimmung von den Himmelsbewegungen her usw., leben angenehmer als unzivilisierte. Da all das Gaben Gottes sind, müßten wir sie annehmen und ausbilden. Deshalb sagt Salomo: »Die Weisheit ist gut und kommt vor der Unwissenheit wie das Licht vor der Finsternis« (Prediger 2,13). Mir sind schon manche vor Augen gekommen, die diese Stelle bei Paulus mißbrauchen und jede Art nützlicher Lehre heruntersetzen, als bestünde die christliche Religion in nichts anderem als in tiefster Unwissenheit. Aber diese Meinung ist für das menschliche Leben zum einen verderblich, zum anderen geradezu gottlos. Denn da alle Künste und Wissenschaften uns von Gott gewiesen und seine Gaben sind und zu Recht genannt werden, drückt es Ehrfurcht vor Gott aus, sie zu pflegen und zu lernen, statt sie zu verachten. Wie ich schon gesagt habe, muß man sich jedoch darüber im

iudices praecipere eas non de dogmatibus religionis, sed de
corporalibus rebus. Ut enim iure possis impium eum dicere,
qui se fame necaret existimans peccatum esse cibos attingere,
ita turpissime errant, qui homini Christiano negant humanas
artes discendas esse, cum sine eloquentia, sine litteris, sine
legum cognitione, sine medicina haec vita corporalis conservari non possit. Nec magis cibis opus et generi humano
quam his artibus. Poenas profecto publice constitui oportuit, tamquam in fures aut grassatores, in eos, qui ab harum
artium studiis animos hominum abstrahunt. Neque enim
magis in commune nocent ulli fures aut praedones, quam isti
maxima vitae corporalis praesidia, quae posita sunt in cognitione litterarum, generi hominum eripere conantes. Et
audent scelesti nebulones adhuc dicere pietatem esse has
artes contemnere, cum nulla humana mens concipere tantam
gratiam possit, quantam Deo pro his tam utilibus donis
debemus. Collegit Augustinus de doctrina Christiana, quid
conferat humanarum disciplinarum scientia ad intelligendam
scripturam. Et res loquitur ipsa sine scientia linguarum et
sine his artibus, quae recte et perspicue loqui docent, enarrari scripturam non posse. Sed fac non omnium artium usum
esse in enarratione scripturae, non propterea nullae earum
utilitates sunt. Nihil agricultura ad religionis cognitionem
opus est, neque tamen propterea impietatis res agenda est.
Ita medicinae et totius philosophiae, quae versatur in per-
scrutanda natura beneficii, in servanda vita corporali sine
reprehensione uti possumus.

klaren sein, daß sich ihre Lehren auf die Gegenstände dieser Welt, nicht etwa die Dogmen der Religion beziehen. Wie man den mit Recht als Frevler bezeichnen würde, der sich in der Meinung zu Tode hungert, Speise anzurühren sei Sünde, so irren die auf das schändlichste, die den Christen das Recht streitig machen, sich die Künste und Wissenschaften anzueignen, wo doch ohne Redekunst, ohne Literatur, ohne Rechtwissenschaft und Medizin dieses leibliche Leben nicht erhalten werden kann. Das Menschengeschlecht bedarf dieser Fertigkeiten nicht weniger als der leiblichen Nahrung. In der Tat müßte der Staat mit Strafgesetzen wie gegen Diebe und Wegelagerer auch gegen die einschreiten, welche die Menschen von der Bemühung um diese Fertigkeiten abhalten. Denn Diebe und Räuber schaden im allgemeinen nicht mehr als die, welche darauf aus sind, dem Menschengeschlecht die großen Hilfen für sein Leben in dieser Welt zu entreißen, die in der Kenntnis der Wissenschaften liegen. Dazu wagen diese kriminellen Windbeutel auch noch, die Verachtung dieser Künste und Wissenschaften als Zeichen von Frömmigkeit auszugeben. Dabei übersteigt der Dank, den wir Gott für diese nützlichen Gaben schulden, jedes menschliche Fassungsvermögen. Augustin hat in seinem Buch *Über die christliche Lehre* zusammengestellt, was menschliche Wissenschaft zum Verständnis der Hl. Schrift beitragen kann. Aus der Sache heraus ist von selbst deutlich, daß die Hl. Schrift ohne Kenntnis der Sprachen und ohne die Lehrfächer vom richtigen und deutlichen Ausdruck nicht ausgelegt werden kann. Zwar sind nicht alle Wissenschaften bei der Auslegung der Hl. Schrift von Nutzen, doch sind sie deshalb noch lange nicht unnütz. Zum Verständnis der Religion bedarf man nicht der Landwirtschaft; dennoch hat sie nichts mit Gottlosigkeit zu tun. Ähnlich verhält es sich mit der Medizin und dem Teil der Philosophie, worin es um die Erforschung dessen geht, was dem leiblichen Leben wohltut. Wir können davon Gebrauch machen, ohne daß uns ein Vorwurf daraus erwächst.

Paulus naturae cognitionem veritatem Dei appellat, Ro. 1.
Quae est autem amentia, cum Spiritus sanctus veritatem et
quidem divinitus ostensam generi hominum naturae cognitionem appellet, Christianos ab eo tamquam interdicto sub-
movere. Id potius agendum erat communibus studiis, ut rem
tam praeclaram, tamque utilem conservaremus, et posteris
traderemus quam maxime illustratam, ne nostra inertia
divinum donum intercidisse videretur. Patrimonium suis
quisque liberis relinquere studet. At hoc publicum patrimonium caeli in terras demissum publice omnes defendere et ad
posteros transmittere debebamus. Quae est enim nobilior
possessio quam veritatis, quae nulla exsistere inter homines
potest nisi Deo auctore. Sic enim scriptum est: "Ut oculus
videat, ut auris audiat, Deus facit utrumque." Neque
dubium est, quin hi, qui res non animadversas vulgo depre-
henderunt, divinitus incitati sint ad earum rerum inquisitionem. Quis tot plantarum vires, tot formas remediorum
comperisset, quis illam varietatem caelestium motuum
deprehendisset, nisi Deus excitasset et gubernasset hominum
studia. Et quod de suo artificio poetae dixerunt, id verissime
et sanctissime de omnium disciplinarum vel inventione vel
illustratione dici potest:

Impetus hic sacrae semina mentis habet.

Non est autem huius loci utilitates omnes naturalis philosophiae enumerare. Tantum una atque altera sententia ex
scriptura citata fidem facere volui tractationem eius Deo non
displicere. Paulus "veritatem Dei" vocat. Item iubet nos cum
gratiarum actione creaturis uti, 1. Timoth. 4. Itaque medicina uti licet. Item scriptum est: "A Deo medicum creatum

Im 1. Kapitel seines Briefes an die Römer nennt Paulus die Erkenntnis der Natur »Wahrheit Gottes«. Wenn der Hl. Geist die Erkenntnis der Natur als eine dem Menschengeschlecht von Gott gewiesene Wahrheit bezeichnet, was ist es dann für eine Verrücktheit, die Christen davon wie von etwas Verbotenem fernhalten zu wollen. Es hätte sich doch alle gemeinsame Mühe darauf richten müssen, etwas so Kostbares und Nützliches zu bewahren, es möglichst weiterzuentwickeln und so der Nachwelt zu überliefern, damit sie nicht den Eindruck haben muß, es sei durch unsere Trägheit zugrunde gegangen. Jeder ist bestrebt, seinen Kindern ein Erbe zu hinterlassen. Dieses für alle bestimmte, vom Himmel auf die Erde heruntergelassene Erbe hätten wir öffentlich alle verteidigen und der nächsten Generation übermitteln müssen. Denn was können Menschen Edleres besitzen als Wahrheit? Nur von Gott her tritt sie unter ihnen auf. Es steht ja auch geschrieben: »Daß das Auge sieht und das Ohr hört, wird beides von Gott bewirkt.« Auch besteht kein Zweifel, daß die Entdecker manches bisher Unbekannten von Gott zu seiner Erforschung angetrieben worden sind. Wer hätte die Wirkungen so vieler Pflanzen und so vieler Heilmittel bemerkt, wer hätte die Vielfalt der Bewegungen am Himmel herausgefunden, wenn nicht Gott die Menschen bei ihren Bemühungen angetrieben und geleitet hätte? Was die Dichter von ihrer Kunst sagen, läßt sich mit Fug und Recht von der Erfindung und Weiterentwicklung aller wissenschaftlichen und künstlerischen Fächer sagen:

»Dieses Streben enthält Samen göttlichen Geistes.«

Es ist hier nicht der Ort, allen Nutzen der Naturwissenschaft aufzuzählen. Ich will nur mit ein paar Stellen aus der Hl. Schrift glaubhaft machen, daß es Gott keineswegs mißfällt, wenn man sich damit beschäftigt. Paulus nennt sie »Wahrheit Gottes«. Er heißt uns »die geschöpflichen Gaben mit Danksagung gebrauchen« (1. Tim. 4,3 f.). Deshalb steht uns die Heilkunst offen. Es steht geschrieben: »Der Arzt ist

esse", hoc est: medicinam divinitus ostensam esse. Versantur
autem utilitates ipsae ob oculos sanis hominibus, quam
multis enim medicinae beneficiis cottidie utimur. Ezechias
quamquam iam audisset divinitus prorogatam sibi vitam
esse, tamen remedio utitur, et quidem medico Esaia. At
medicina comprehendit universam physiologiam et astrono-
miam. Sunt enim in medendo temporum discrimina quaedam servanda, sicut ex Hippocratis aphorismo apparet:
"ὑπὸ κύνα καὶ πρὸ κυνὸς ἐργώδεες αἱ Φαρμακεῖαι", et
apparet esse aliquas astrorum vires in afficiendis corporibus
et temperandis qualitatibus corporum, quae sint observan-
dae medico. Nec ea temporum observatio superstitiosa est,
quemadmodum nec superstitio est, sed divina ordinatio
hieme aut vere serere, aestate metere, vino interdicere febri-
citanti. Superstitio tum demum esset, si sine causa naturali
abstinere velis a vino et iustificationis causa, sicut Cartusiani
a carnibus abstinere coguntur. Est autem et alia astronomiae
utilitas, quod oportet habere civilium negotiorum causa
certam anni et mensium descriptionem, quam si non habere-
mus, quae confusio in rebus publicis futura esset, pecudum
vita, non hominum fuerit, nullas nosse certas temporum
vices, non annorum, non mensium descripta spatia habere.
Dominus in Genesi cum ait de luminibus in caelo: "Sint in
signa et tempora et dies et annos", voluit certe motus
luminum observare, ut anni iustum spatium deprehendere-
tur. Etenim nisi accedat observatio motus et descriptio

von Gott geschaffen.«³ Das bedeutet, daß uns die Heilkunst
von Gott übermittelt ist. Allen klar denkenden Menschen
stehen ihr Nutzen und die Häufigkeit, mit der wir täglich
auf sie zurückkommen, vor Augen. Obwohl Hiskia⁴ schon
mitgeteilt worden war, Gott habe sein Leben verlängert,
nimmt er – und dies auf den ärztlichen Rat Jesajas – sein
Heilmittel ein. Die Medizin schließt die gesamte Lehre von
der Natur und auch den Gestirnen ein. Bei der ärztlichen
Tätigkeit sind nämlich zeitliche Unterschiede zu beachten,
wie auch das Zitat aus Hippokrates deutlich macht: »Unter
und vor dem Zeichen des Hundes ist der Umgang mit
Arzneien mühsam.« Ganz offensichtlich muß der Arzt
einige Wirkungen der Sterne auf die Körper und ihre
Zustände beachten. Die Beachtung solcher Zeiten ist nicht
abergläubisch; wie es ja auch kein Aberglaube ist, sondern
göttliche Ordnung, im Winter oder im Frühling zu säen, im
Sommer zu ernten, dem Fiebernden den Wein zu untersa-
gen. Ein Aberglaube wäre es, sich ohne natürlichen Grund
und um der Rechtfertigung (vor Gott) willen des Weins zu
enthalten wie die Kartäuser auf Grund ihrer Regel von der
Fleischnahrung. Die Sternkunde hat noch einen weiteren
Nutzen: Für die Aufgaben des Zusammenlebens braucht
man eine gewisse Aufteilung des Jahres und der Monate.
Welche Verwirrung würde doch im öffentlichen Leben eintreten, wenn wir eine solche nicht hätten. Es wäre eher ein
tierisches als ein menschliches Leben, den Wechsel der
Zeiten nicht genau zu kennen und nicht über festgelegte
Zeitspannen von Jahren und Monaten zu verfügen. Als Gott
der Herr im Buch der Genesis über die Lichter am Himmel
sagte: »Sie sollen Zeichen sein und zur Bestimmung von
Zeiten, von Tagen und Jahren dienen«, wollte er gewiß, daß
die Menschen die Bewegungen dieser Lichter beobachten
und so die genaue Spanne eines Jahres feststellen sollten.
Ohne Beobachtung der Bewegung und Bestimmung der Zeit

3 Sir. 38,1.
4 Jes. 38.

temporis, nihilo magis nobis solis cursus animum conficit
quam pecudibus. Sed ita demum annum intelligemus a sole
confici, si totum cursum observaverimus. Cum autem intelligi possit praecepisse Deum, ut discrimina temporum ex
motuum vicibus numeremus, satis constat rectum esse in hac
arte operam sumere.

Necessaria est et altera philosophiae pars, quae morum
praecepta tradit, et quae leges regendarum civitatum peperit.
Est enim quaedam doctrina et paedagogia privatim forman-
dis ad humanitatem moribus hominum opus, in quem usum
primum poemata, qualia sunt Hesiodi et Homeri et similia,
scripta sunt. Postea diligenter natura hominis inspecta philosophi causas illorum praeceptorum quaesiverunt et formas
virtutum ordine descripserunt, ut in Officiis Ciceronem, in
Ethicis Aristotelem fecisse videmus. Mirum est autem,
quantum moribus conducat illorum cognitio, quanto com-
modiores ac tractabiliores in omni convictu, quanto ad rem
publicam gerendam, ad iudicia exercenda, et ad alia multa
humanitatis officia magis idonei sint, qui domi haec perceprunt: contra eorum, qui non exculti sunt, mores ita feri sunt,
ut non multum distare a bestiis existimentur. Ut enim agri, si
non colantur et serantur, sterilescunt aut gignunt inutiles
herbas, ita mentes humanae, si non excitentur et acuantur
doctrina, prava consuetudine non tantum hebetiores fiunt,
sed plane corrumpuntur. Porro praecepta illa moralis philosophiae eruta sunt ex natura seu collecta ex legibus naturae,

vollendet für uns der Lauf der Sonne das Jahr nicht anders als für die Tiere. Uns wird nur dann klar, daß das Jahr von der Sonne bestimmt wird, wenn wir den gesamten Lauf beobachten. Da man aber verstehen kann, daß Gott geboten hat, die Zeitunterschiede nach den wechselnden Bewegungen zu messen, steht die Rechtmäßigkeit der Bemühung um diese Kunst fest.

Unverzichtbar ist auch das andere Teilgebiet der Philosophie, in welchem Verhaltensregeln gelehrt werden und aus welchem die Gesetze für die Leitung der Gemeinwesen hervorgegangen sind. Es bedarf einer erzieherisch wirksamen Lehre, durch die die einzelnen Menschen mit ihren sittlichen Einstellungen auf Menschlichkeit hin gebildet werden. Dazu wurden zunächst Dichtwerke wie die Hesiods und Homers und andere mehr abgefaßt. Danach unterzogen die Philosophen das Wesen des Menschen einer genauen Betrachtung, fragten nach den Gründen für diese Verhaltensregeln und beschrieben systematisch, worin die einzelnen Tugenden bestehen. Dies hat Cicero in seinem Buch *Über die Pflichten* und Aristoteles in seinen ethischen Schriften getan. Man staunt, wie förderlich ihre Kenntnis für das sittliche Verhalten ist, wieviel angenehmer und umgänglicher im Zusammenleben, wieviel geeigneter für politische und juristische Betätigungen sowie für viele andere Aufgaben eines gebildeten Menschen diejenigen sind, die schon zu Hause diese Inhalte aufgenommen haben. Dagegen verwildert das Verhalten derer, die darin nicht gebildet sind, dermaßen, daß man bei ihnen keinen großen Abstand von den Tieren erkennen zu können meint. Wie aber Felder, die man nicht bestellt und besät, keine Frucht oder nur Unkraut hervorbringen, so erschlaffen die geistigen Kräfte des Menschen – werden sie nicht durch Lernen angeregt und geschärft – durch schlechte Gewohnheiten nicht nur, sondern kommen ganz und gar herunter. Jene Gebote der Moralphilosophie sind aus der Natur (des Menschen) abgeleitet, bzw. den Gesetzen der Natur entnommen, die Gott unseren

quas Deus animis nostris inscripsit, nec minus sanctas leges haberi voluit, quam quas in saxo Moisi sculpsit. Hinc a sapientibus viris, quos Deus excitavit ad res publicas constituendas, leges etiam derivatae sunt, iuxta quas iudicia exercerentur, res dividerentur, punirentur maleficia. Has non dubitat Paulus vocare divinam ordinationem, vides manifestis scripturae sententiis has philosophiae partes probari. Sed dicat aliquis multa admixta esse philosophiae dissidentia a religione, qualia sunt apud Aristotelem, quae de aeternitate mundi disputat. Multa nugati sunt Epicurei de atomis, longe vero alienissimum est a religione, quod docuerunt voluptatem finem bonorum esse. Ridicula est et ἀπάθεια Stoicorum, qui misericordiam et plerosque similes affectus bonos vituperant, ridiculum et hoc est omnia peccata paria esse.

Ego vero non nego in philosophorum disputationibus multa esse non modo aliena a religione, sed etiam falsa et cum naturali ratione pugnantia, quia multa scripta sunt a parum prudentibus sine certa ratione: plerosque Deus ideo alucinari passus est, ut significaret verum ne quidem in naturalium et corporalium rerum inquisitione cerni posse, si ipse non aspiret et si mentes non regat suo verbo. Paulus enim ait infatuatos esse, quia non glorificaverint Deum.

Voco igitur philosophiam eam tantum, quae nihil affirmat nisi certa ratione aut experientia animadversum. Multae ambiguae opiniones admixtae sunt veris praeceptis ac certis,

Seelen eingezeichnet hat und die nach seinem Willen nicht weniger heilig gehalten werden sollten als die Gesetze, die er für Mose in einen Stein gemeißelt hat. Aus ihnen wurden von Weisen, die Gott zur Begründung von Staatswesen auftreten ließ, auch die Gesetze hergeleitet, nach denen Urteile gesprochen, Güter geteilt und Untaten bestraft werden sollten. Diese Gesetze bezeichnet Paulus ohne Zögern als göttliche Ordnung.[5] Man sieht also, daß die Schrift ausdrücklich diese Bereiche der Philosophie anerkennt. Da mag nun einer sagen, der Philosophie sei vieles beigemengt, was von der Religion abweiche. Dazu gehören etwa die Auffassungen des Aristoteles zur Ewigkeit der Welt oder die Narreteien der Epikureer zu den Atomen. Besonders weit entfernt sich von der Religion ihre Lehre, Zweck aller Güter sei die Lust. Lächerlich ist auch die ›Apathie‹ der Stoiker, welche das Mitleid und die Mehrzahl ähnlich guter Regungen für minderwertig erklären, lächerlich auch die Meinung, alle Sünden seien gleich.

Ich bestreite nicht, daß sich in den Erörterungen der Philosophen vieles findet, was nicht nur der Religion fremd, sondern auch falsch ist und der natürlichen Vernunft widerstreitet. Gar manches wurde aus fehlender Einsicht ohne tragfähige Begründung geschrieben. Die meisten hat Gott ihren Spinnereien überlassen, um deutlich zu machen, daß ohne den Hauch seines Geistes und die Leitung durch sein Wort die Wahrheit nicht einmal bei der Erforschung natürlicher und weltlicher Problembereiche in den Blick kommt. Paulus sagt, sie seien, weil sie Gott nicht verherrlicht hätten, verblödet.[6]

Von Philosophie spreche ich nur dann, wenn nichts behauptet wird, was sich nicht aus tragfähigen Schlußfolgerungen oder aus der Erfahrung ergeben hat. Viele zweideutige Meinungen sind wahren und gewissen Verhaltensregeln beigemischt. Doch werden diese nicht einmal von den alten

5 Röm. 13,1.
6 Röm. 1,21.

sed illas ne veteres quidem saniores scriptores germanam ac
genuinam philosophiam esse iudicaverunt. Et singularis prudentia est intelligere, quae certa sint, quae incerta. Assentiri
vero incertis et incompertis eaque pro compertis affirmare,
quod non raro accidit, res est philosopho indignissima tur-
pissimaque.
Nihil adhuc de eloquentia dixi, quae neque dignitate neque
utilitate cedit aliis partibus philosophiae. Est autem eloquentia non, ut quidam indocti existimant, inanis quidam fucus
orationis, sed, quae sentias, perspicue et cum quadam dignitate explicare. Nec, ut multi arbitrantur, inanem voluptatem
aurium captat, sed utilitati seu necessitati servit. Sine hac
enim nulla gravior causa aut paulo obscurior doceri potest.
Quoties autem ubi in iudiciis aut in consiliis de obscurissimis
rebus homines docendi sunt, ibi non sentiamus eum summa
laude dignum esse, qui obscurae causae lumen affert, qui
iudices, qui populum tamquam in rem praesentem ducit, ut
recte iudicare, ut constituere, quod sit, ex utilitate publica
possit. Si arithmeticos laudamus, quod intricatas rationes in
re nummaria sciant explicare, quanto magis disertos homines
admirari debemus, quorum scientia non exigua rei familiaris
utilitas, sed iudicia legesque et salus totius rei publicae
continetur. Ita circa multo maiores res versatur eloquentia
quam pleraeque aliae artes. Sed ego hic non de laude perfec-
tae eloquentiae dicam, quae profecto una de summis virtutibus humanis est, neque temere regina rerum appellata. Haec
enim civitates regit, tuetur iudicia, leges, iusta, iniusta popu-
lis exponit. Dicam tantum de his levioribus et puerilibus

klarer denkenden Schriftstellern als echte und ursprüngliche Philosophie anerkannt. Zur Unterscheidung von »gewiß« und »ungewiß« gehört besondere Klugheit. Behauptungen zuzustimmen, die nicht durch tragfähige Schlußfolgerungen und Erfahrungen gestützt sind, und zu behaupten, sie seien es, ist, obwohl es nicht selten vorkommt, eines Philosophen höchst unwürdig und schändlich.

Bisher habe ich noch nichts von der Beredsamkeit gesagt, die anderen Bereichen der Philosophie weder an Würde noch an Nützlichkeit nachsteht. Beredsamkeit heißt nicht, wie manche Ungebildete glauben, eitle Schminke der Rede, sondern klare und einigermaßen würdevolle Entfaltung des Gemeinten. Auch hascht sie nicht, wie viele vermuten, nach wertloser Ohrenlust, sondern dient der Nützlichkeit oder auch der Notwendigkeit. Ohne sie kann man in keine gewichtige und etwas unklare Sache Licht bringen. Wie oft halten wir nicht, wenn Menschen in Gerichtsverfahren oder bei Beratungen über schwierige Angelegenheiten zur Klarheit geführt werden müssen, den für des höchsten Lobes würdig, der in die dunkle Sache Licht bringt, der den Richtern oder den Versammelten die Sache gleichsam so vor Augen stellt, daß sie zu einem rechten Urteil oder dem öffentlichen Nutzen entsprechenden Beschluß kommen können! Wenn wir schon die Mathematiker loben, weil sie verwickelte Verhältnisse in Geldangelegenheiten erklären können, wieviel mehr müssen wir dann beredte Männer bewundern, deren Können nicht nur kleinen privaten Nutzen umfaßt, sondern Gerichtsurteile, Gesetze und das Wohl des ganzen Gemeinwesens. Bei der sprachlichen Bildung geht es also um weitaus Größeres als bei den übrigen Fächern. Aber ich spreche hier ja nicht von der Würde der vollkommenen Beredsamkeit, die in der Tat eine der größten menschlichen Tugenden ist und nicht nur leichthin »Königin« genannt wird. Denn diese regiert die Gemeinwesen, bewahrt Rechtsprechung und Gesetz; sie legt dem Volk dar, was gerecht ist und was ungerecht. Ich will hier nur von der weniger bedeutenden

studiis, quomodo leges publicae sine cognitione linguarum,
sine dialectica et rhetorica intelligi aut enarrari possunt? Aut
quae ars omnino mandata litteris sine his percipi potest aut
exerceri? Tam late patet utilitas harum puerilium, ut vocantur, artium, ut frustra sumpturus sit operam in aliis, qui has
non ante didicerit.

Donum linguarum sive donum interpretandi linguas, quid
aliud est quam eloquentia? Fateamur igitur eloquentiae studium utile esse Christianis, siquidem Paulo placet, ut linguarum donum exerceant Corinthii.

Alio quodam loco scribit Paulus episcopum debere esse
διδακτικόν. Quomodo autem docebit is, qui nullam prorsus scientiam dialectices aut rhetorices habet, quae artes in
hoc maxime traduntur, ut discant imperiti viam aliquam et
rationem perspicue et utiliter docendi.

Quid quod ne quidem intelligi sine his sacrae litterae possunt, quomodo enim iudicare potest de sermone is, qui
nullam orationis construendae aut figurarum rationem ex
grammatica didicit, qui non ex dialectica et rhetorica didicit,
quae sint orationis paulo longiores partes, quae series sit
propositionum, argumentorum, quae inter se consentiant,
quae pugnent, quae sint ἀμφίβολα, ubi recte cohaereant
argumentorum partes, ubi non cohaereant. Haec qui non
videt in sacris libris, qui pleni sunt subtilissimarum disputa-
tionum, is simpliciter fateatur se nihil intelligere.

Quomodo autem docebit ecclesiam is, qui sacras litteras non
intelligat, aut qui nullam disponendae orationis ac docendi

geistigen Arbeit der Knaben sprechen. Wie soll es möglich sein, Gesetze ohne Sprachkenntnisse, ohne Dialektik und Rhetorik zu verstehen und auszulegen? Oder welche schriftlich niedergelegte Kunst oder Wissenschaft kann ohne sie erfaßt und geübt werden? So weit erstreckt sich der Nutzen dieser sogenannten »Knabenkünste« daß einer, hat er sie nicht vorher gelernt, auf anderes seine Mühe verschwendet.

Die Gabe der Sprachen oder auch die Gabe der Übersetzung, was ist das anderes als »Beredsamkeit«? Wir wollen also zugeben, daß das Lernen auf dem Gebiet der Sprachen für die Christen nützlich ist, wie ja auch Paulus Wert darauf legt, daß die Korinther sich in der Gabe der Sprachen üben.[7]

An einer anderen Stelle[8] schreibt Paulus, ein Bischof müsse »didaktisch« veranlagt sein. Wie soll aber einer lehren, dem keinerlei Kenntnis in Dialektik oder Rhetorik zu Gebote steht? Diese Fächer werden doch gerade dazu gelehrt, damit Unerfahrene lernen, wie man etwas deutlich und zweckmäßig vermittelt.

Was also, wenn ohne diese Hilfen die Hl. Schrift nicht einmal verstanden werden kann? Wie kann sich einer ein Urteil über einen Text bilden, der aus der Grammatik nichts zum Zusammenhang der Redeteile, zur Art von Wendungen oder Bildern gelernt hat, der nicht aus Dialektik und Rhetorik weiß, welche die längeren Teile einer Rede sind, wie Aussagen und Argumente aufeinander folgen, welche übereinstimmen, welche einander widerstreiten, welche zweideutig sind, wo die Redeteile in rechter Weise zusammenhängen, und wo nicht. Wer all das in den Hl. Büchern, die voll feinsinnigster Erörterungen sind, nicht wahrnimmt, möge geradeheraus eingestehen, daß er nichts versteht.

Wie aber soll einer in der Kirche lehren, der die Hl. Schrift nicht versteht und nicht weiß, wie man einen sprachlichen

7 1. Kor. 14.
8 1. Tim. 3,2; 2. Tim. 2,24; Tit. 1,9.

viam tenet? Saepe obscurae controversiae in ecclesia de dogmatibus ecclesiasticis exsistunt, quas quomodo explicabunt imperiti dialectices aut rhetorices? Non alio saeculo plus rixarum in ecclesia fuit quam hoc nostro, nec dubium est, plerasque controversias, si commode et diserte enarrarentur tractarenturque, dirimi ac tolli posse. Sed vidi multos ita obscure confuseque suas sententias proponere, ut cum multum chartarum utraque pars perdidisset, et scriptis magnis voluminibus suam quisque causam defendisset, tamen qua de re litigaretur, ad huc nemo intelligeret. Interea dum δυσκώφῳ δύσκωφος ἐκρίνετο, animadversum est factionum odia discordiamque ita crevisse, ut credibile sit numquam ecclesiae statum magis perturbatum fuisse.

Eius mali aliquod remedium fuerit excerpere ex controversiis, quae conveniunt quaeque ad aedificationem faciunt, ita non multa relinquentur, quae dissideant: saepe de verbo litigatur, saepe calumniose exagitantur, quae ab aliis non sunt impie scripta. Quomodo autem sine dialectica et rhetorica deprehendi poterit, quantum conveniat, quae non conveniant. An non satis causae est, cur has artes amemus et omni studio complectamur, cum tantas utilitates non modo ad alias vitae partes, sed etiam ad tractationem religionis afferant?

Quando autem ratio seu philosophia de Dei voluntate iudicat, tum fere errat. Et quamquam per omnes fidei articulos ire possemus et ostendere non esse a ratione petendum iudicium de articulis fidei, tamen ne longum faciamus, contrahemus aliquot articulos in tria capita.

Primo enim errat ratio de rerum gubernatione. Nam etiamsi permittat, quod Deus condiderit res, tamen offensa ratio,

Zusammenhang gliedert und lehrt? Oft erheben sich in der Kirche schwer durchschaubare Streitigkeiten über dogmatische Fragen. Wie soll einer da Klarheit hineinbringen, der nichts von Dialektik oder Rhetorik versteht? In keinem anderen Jahrhundert hat es mehr Streit in der Kirche gegeben als in unserem, doch gibt es keinen Zweifel, daß die meisten Kontroversen durch sachgemäße und klare Behandlung beigelegt werden könnten. Ich bin schon vielen begegnet, die ihre Meinungen so unklar und verworren vortrugen, daß, nachdem beide Seiten viel Papier verschwendet und ihre Ansichten in dicken Wälzern verteidigt hatten, immer noch keinem klar war, worüber eigentlich gestritten wurde. Im Laufe solcher Auseinandersetzungen zwischen Taubstummen konnte man ein solches Anwachsen von Parteienhaß und Zwietracht beobachten, daß die Kirche wohl kaum je in einem trostloseren Zustand war.

Diesem Übel könnte man dadurch beikommen, daß man aus den Auseinandersetzungen das Unstrittige und Konstruktive herausnimmt. Dann wird nicht viel Strittiges bleiben. Oft zankt man sich nur um Worte und entstellt auf verleumderische Weise Äußerungen anderer, die als solche unanstößig sind. Wie soll man aber ohne Dialektik und Rhetorik das Maß der Übereinstimmung und Gegensätze herausfinden? Genügt dieser Grund nicht schon, damit wir diese Fächer lieben und mit allem Eifer betreiben? Bringen sie doch nicht nur für andere Lebensbereiche großen Nutzen, sondern tragen auch zur Behandlung religiöser Fragen bei.

Wenn aber die menschliche Vernunft als solche, d. h. die Philosophie über den Willen Gottes urteilt, dann irrt sie in der Regel. Obwohl wir alle Glaubensartikel durchgehen und dabei zeigen könnten, daß die Beurteilung von Glaubensfragen nicht von der Vernunft zu erwarten ist, wollen wir nicht zu weitschweifig werden, sondern uns auf drei Punkte beschränken.

Zuerst irrt die Vernunft zur Frage der Weltregierung. Denn obwohl sie zugibt, daß Gott alles geschaffen hat, nimmt sie

quia in mundo tam multa iniuste fiunt, non potest statuere a
Deo res gubernari, sed somniat, quod Deus nunc propemodum otiosus sinat suo quodam impetu naturam ferri:
sicut faber, qui navem fecit, ubi absolvit, discedit ab ea et
committit eam fluctibus. Hic doctrina Christiana diversum
docet et monet nos, ne per philosophiam decipiamur, id est:
tum fallit philosophia, quando de Deo aut de Dei consiliis
incipit iudicare, quia: 'animalis homo non percipit ea, quae
Dei sunt'. Significat autem animalis homo totam naturam
hominis non renovatam a Spiritu sancto. Illa itaque natura
hominis nihil potest de voluntate Dei affirmare, quae tantum
discitur ex verbo Dei, sicut Esaias ait: "Ad legem et ad
testimonium, qui non dixerit secundum verbum hoc, non
erit ei matutina lux."

Sunt igitur sententiae certae et manifestae ex scriptura eligen-
dae, quibus discemus, non modo res a Deo conditas esse,
sed etiam gubernari: Deum nos alere ac tegere, servare alios,
alios punire, nec discessisse Deum tamquam a navi fabrum,
sed regere res, sicut gubernator navim regit: ut probant hae
sententiae: Matth. 6.: "Pater vester, qui in caelis est, pascit
illa"; Matth. 10.: "Duo passeres asse veneunt et unus ex illis
non cadet super terram sine patre caelesti"; Iohan. 5.: "Pater
meus usque modo operatur et ego operor"; Ephe. 1.: "Operatur omnia secundum consilia voluntatis suae"; Coloss. 1.:
"Omnia per ipsum consistunt"; Act. 17.: "In ipso vivimus et
movemur et sumus"; Psal. 103.: "Dante te illis colligent";
Prover. 16.: "Omnes viae hominum patent oculis eius etc.";

doch Anstoß daran, daß auf der Welt soviel Ungerechtigkeit geschieht, kann sie nicht einsehen, daß Gott alles regiert, sondern erträumt, daß er jetzt fast untätig bleibe und die Welt ihrem eigenen Lauf überlasse. Das wäre also wie bei einem Handwerker, der nach Vollendung eines Bootes einfach weggeht und es den Fluten überläßt. Hier lehrt das Christentum etwas anderes und mahnt uns, nicht philosophischen Täuschungen zu verfallen. Dann nämlich führt Philosophie in die Irre, wenn sie sich darauf einläßt, über Gott und seine Ratschlüsse zu urteilen: »Der irdisch gesonnene Mensch begreift nicht, was Gottes ist.«[9] »Irdisch gesonnen« meint die gesamte Seinsart des Menschen, soweit sie nicht vom Hl. Geist erneuert ist. Deshalb kann der Mensch, wie er sich vorfindet, nichts über den Willen Gottes aussagen. Denn dieser wird nur aus dem Wort Gottes erkannt, wie Jesaja sagt: »Zum Gesetz und Zeugnis: Wer nicht gemäß diesem Wort redet, für den gibt es kein Morgenrot.«

Wir müssen also der Hl. Schrift gewisse und deutliche Sätze entnehmen, die uns lehren, daß von Gott nicht nur alles geschaffen ist, sondern auch gelenkt wird: Gott nährt und schützt uns. Er rettet die einen und bestraft die anderen. Er hat nicht wie der Handwerker das Boot verlassen, sondern lenkt wie der Steuermann das Schiff. All dies beweisen Sätze wie Matthäus 6: »Euer himmlischer Vater ernährt sie«; Matthäus 10: »Werden nicht zwei Sperlinge um einen Groschen verkauft, und doch fällt keiner davon ohne euren himmlischen Vater auf die Erde?«; Johannes 5: »Mein Vater wirkt noch immer, und auch ich wirke«; Epheser 1: »Er wirkt alles nach dem Ratschluß seines Willens«; Kolosser 1: »Alles besteht durch ihn«; Apostelgeschichte 17: »In ihm leben, weben und sind wir«; Psalm 103: »Wenn du ihnen gibst, sammeln sie«; Sprüche 16: »Alle Wege der Menschen liegen vor seinen Augen offen«; im Gebet des Herrn:

9 1. Kor. 2,14.

Et in oratione Dominica: "Panem nostrum cottidianum da
nobis hodie"; Deuteronomii 8.: "Non in solo pane vivit, sed
etiam in omni verbo, quod procedit de ore Dei."
Secundo, errat philosophia de iustificatione, si statuat coram
Deo satis esse civilem iustitiam. At Christiana doctrina docet
iustitiam coram Deo fidem esse in Christum. Et sicut in
apibus naturales virtutes non efficiunt eas Christianas aut
iustas coram Deo, sic nec civiles mores seu naturales virtutes
nos faciunt iustos coram Deo. Habent apes prudentiam,
quia tecta construunt et constituunt rem publicam. Habent
et iustitiam, quia suis regibus diligentissime obtemperant.
Item iuvant se mutuo, levant onere fessas, a vi et iniuriis
abstinent. Est in eis et mira fortitudo, quia acerrime dimi-
cant cum fucis. Postremo magna temperantia in eis est, quia
et venerem nesciunt et mella ad usus nostros conficiunt. Et
sicut ob has virtutes non dicuntur Christianae, ita neque
homines sunt Christiani propter solos civiles mores, sed quia
credunt, quod propter Christum Deus peccata nobis condo-
naverit et receperit nos in gratiam, sicut Paulus dicit: "Arbi-
tramur iustificari hominem per fidem sine operibus legis", et
1. Corint. 1.: "Non glorietur omnis caro in conspectu eius,
ex ipso autem vos estis in Christo Iesu, qui factus est nobis
sapientia a Deo et iustitia et sanctificatio et redemptio."
Neque vero tollit Christiana doctrina civiles mores, sed eos
exigit et philosophiam seu rationem praecipientem de civilibus moribus approbat, sicut et civiles magistratus approbat
et testatur se auctorem esse civilium ordinationum, Roma.
13.: "Omnia, quae ordinata sunt, a Deo ordinata sunt", et

»Unser tägliches Brot gib uns heute«; 5. Mose 8: »Nicht nur vom Brot lebt er, sondern von einem jeden Wort, das aus dem Mund Gottes hervorgeht«.

Zweitens irrt die Philosophie in der Frage der Rechtfertigung, wenn sie die bürgerliche Gerechtigkeit als vor Gott zureichend feststellt. Das Christentum lehrt jedoch, die Gerechtigkeit vor Gott bestehe in dem Glauben an Christus. Wie die Bienen durch ihre natürlichen guten Eigenschaften nicht christlich werden, werden wir durch unsere sozialen Handlungsweisen und natürlichen Tugenden nicht gerecht vor Gott. Die Bienen verfügen über eine gewisse Klugheit. Denn sie bauen sich Wohnungen und bilden einen Staat. Auch kommt ihnen Gerechtigkeit zu. Denn recht gewissenhaft gehorchen sie ihren Königinnen. Sie unterstützen sich gegenseitig, nehmen erschöpften Genossinnen die Lasten ab und meiden Gewalt und Unrecht. Auch ihre Tapferkeit ist bewundernswert, denn leidenschaftlich kämpfen sie mit den Drohnen. Endlich ist ihre Mäßigkeit eindrucksvoll. Denn sie kennen nicht die Geschlechtslust und stellen für uns Honig her. Wie sie aber wegen all dieser Tugenden nicht als Christinnen bezeichnet werden, sind auch Menschen nicht nur wegen ihres sittlichen Verhaltens Christen, sondern weil sie glauben, Gott habe uns um Christi willen unsere Sünden vergeben und in seine Gnade aufgenommen. So heißt es bei Paulus: »Wir halten dafür, daß der Mensch ohne die Werke des Gesetzes durch den Glauben gerechtfertigt wird.« Ebenso sagt er im Ersten Brief an die Korinther, Kapitel 1: »Kein Sterblicher soll sich vor Gott rühmen. Von ihm her seid ihr in Jesus Christus, der für uns Weisheit von Gott her, Gerechtigkeit, Heiligung und Erlösung geworden ist.« –

Doch hebt das Christentum die bürgerlichen Sitten nicht auf, sondern fordert sie und läßt die Philosophie, d. h. die Vernunft, die uns in bürgerlichen Sitten unterweist, ebenso gelten, wie es die weltliche Obrigkeit gelten läßt und sich als ihr Urheber bezeugt: »Alles, was angeordnet ist, ist von Gott angeordnet« (Röm. 13,1). Von denen, die den Hl.

ab his, qui non habent Spiritum sanctum, tamen exigit, ut
frenentur civili iustitia, ut docet Paulus: "Lex est iniustis
posita". Item: "Lex est paedagogus." Sed in eo dissentiunt
ratio et evangelium, quod evangelium negat civilem iustitiam
satis esse coram Deo.

Tertio fallitur philosophia, cum putat rationem satis habere
virium ex sua natura contra vitia, nec videt opus esse Spiritu
sancto, qui et corda reddat puriora et regat nos, ne vel ab
infirmitate naturae vel a diabolo praecipitemur in manifesta
flagitia.

Sed evangelium docet cor esse impurum et fervere concupiscentia. Item diabolum nobis insidiari, ut etiam in manifesta
flagitia protrahat. Ideo promittit Spiritum sanctum, qui
corda transformet, regat, et defendat nos. Iohan. 15.: "Sine
me nihil potestis facere", et ad Romanos 8.: "Qui Spiritu
Dei aguntur, ii sunt filii Dei." Qualis autem sit homo et quo
ruat desertus a Deo, Saulis exemplum ostendit. Sic igitur
philosophia seu iudicium rationis de divina voluntate nihil
certi affirmare potest, sed de natura rerum deque civilibus
moribus recte iudicare potest. Quare errant, qui ex ratione
aut philosophia iudicant de doctrina Christiana. Immo saepe
magna consolatio est piorum, quod non ex rationis nostrae
iudicio aestimanda est voluntas Dei, ut quoties de iustificatione cogitamus scire, quod Deus solam fidem imputet pro
iustitia, mirifice consolatur animum. Rursus etiam errant ii,
qui aspernantur philosophiam iudicantem de naturalibus
rebus. Nam id est contemnere Dei donum, cum omnibus

Geist nicht haben, wird gefordert, daß sie sich durch weltliche Gerechtigkeit zügeln, wie Paulus lehrt: »Das Gesetz ist für die Ungerechten aufgerichtet«,[10] desgleichen »Das Gesetz ist der Erzieher«.[11] Vernunft und Evangelium weichen aber darin voneinander ab, daß nach dem Evangelium weltliche Gerechtigkeit vor Gott keinesfalls genügt.

Drittens irrt die Philosophie mit der Meinung, die Vernunft habe aus sich selbst zureichende Kräfte gegen die Sünden. Sie erkennt nicht die Notwendigkeit des Hl. Geistes, der unsere Herzen reinigt und uns leitet, damit wir nicht durch unsere natürliche Schwäche oder vom Teufel in offenbare Schändlichkeiten gestürzt werden.

Dagegen lehrt das Evangelium, daß das Herz unrein ist und in heißer Begierde brennt, daß uns der Teufel nachstellt, um uns in offenbare Schändlichkeiten hineinzuzerren. Deshalb verheißt es den Hl. Geist, damit er unsere Herzen verwandelt, leitet und uns schützt: »Ohne mich könnt ihr nichts tun« (Joh. 15,5). »Die vom Hl. Geist getrieben werden, sind Gottes Kinder« (Röm. 8,14). Wie der Mensch ist und wie tief er stürzt, wenn ihn Gott verläßt, zeigt das Beispiel Sauls. So kann also die Philosophie, d. h. das vernünftige Denken, über den Willen Gottes nichts Gewisses aussagen. Doch kann sie sehr wohl über die Beschaffenheit der Welt und das sittliche Verhalten in ihr zutreffend urteilen. Deshalb irren diejenigen, die von der Vernunft oder der Philosophie her über die christliche Lehre urteilen wollen. Für die Gläubigen dagegen bedeutet es einen starken Trost, daß wir Gottes Willen nicht nach dem Urteil unserer Vernunft einzuschätzen haben. So oft wir über die Rechtfertigung nachdenken, tröstet uns das Wissen, daß Gott den bloßen Glauben als Gerechtigkeit anrechnet, auf wunderbare Weise. Andererseits irrt aber auch, wer das philosophische Nachdenken über weltliche Probleme verachtet. Denn damit setzt er Gottes Gabe herunter, während wir doch alle geschöpf-

10 1. Tim. 1,9.
11 Gal. 3,24.

creaturis Dei cum gratiarum actione uti debeamus et sentire, quod sint Dei beneficia, 1. Timot. 4. Et sicut insania esset dicere, quod ex artis sutoriae praeceptis sit iudicandum de Christiana doctrina, ita desipiunt, qui ex philosophia iudicant de doctrina Christiana. Dicit enim Petrus in 2. [epistula] prophetias non esse humana voluntate editas. Rursus, ut desiperent etiam ii, qui dicerent artem sutoriam pugnare cum doctrina Christiana, ita desipiunt, qui naturae et morum civilium cognitionem dicunt pugnare cum religione. Ideo Paulus non ait philosophiam malam esse, sed sic ait: "Videte, ne quis vos decipiat per philosophiam", ut si quis dicat: vide, ne decipiat te vinum. Hic etiam commemorari alii articuli fidei possent, de quibus ratio non potest recte iudicare. Sed satis sit monuisse, quod de articulis fidei non ratio, sed scriptura consulenda sit.

Deinde quod addit: "inanem deceptionem", hic significat argumenta de Dei voluntate ex philosophia collecta. Non est enim philosophia, cum de divina voluntate ex ratione iudicamus, sed sunt inania somnia. Sicut Epicurus negavit Deo res nostras curae esse, animas immortales esse. Item Platonici disputaverunt, quomodo Deus gignat quandam cogitationem, ut eluderent dogmata Christiana de filio Dei. Et Aristoteles mundum esse aeternum, nec aliquando coepisse. Et admiscuerunt doctrinae Christianae philosophiam, qui rationi tribuerunt vim efficiendae in nobis fidei erga Deum sine Spiritu sancto. Et quidam scripsit fundamenta doctrinae Christianae Platonicam philosophiam esse. Sic pro certis affirmare, quae ratio aut philosophia non potest affirmare, immo quae prorsus sunt extra iudicium rationis aut philoso-

lichen Güter dankbar gebrauchen und als Gottes Wohltaten verstehen sollen (1. Tim. 4,3 f.). Wie die Behauptung verrückt wäre, man solle die christliche Lehre nach den Regeln des Schneiderhandwerks beurteilen, so fehlt auch denen der Verstand, die das Christentum von der Philosophie her beurteilen. Denn Petrus sagt in seinem Zweiten Brief, Prophezeiungen seien nicht aus dem Willen von Menschen hervorgegangen. Wie aber wiederum die Behauptung töricht wäre, das Schneiderhandwerk widerstreite dem Christentum, so ist es auch die andere, nach der Natur- und Sozialwissenschaften im Gegensatz zur Religion stehen. Deshalb sagt ja auch Paulus nicht, die Philosophie sei von Übel, sondern: »Seht zu, daß euch niemand durch Philosophie täusche«, wie auch einer sagen könnte: »Sieh zu, daß dich der Wein nicht täusche«. Hier könnte auch noch an andere Glaubensartikel erinnert werden, über welche die Vernunft nicht zutreffend urteilen kann. Doch mögen diese Hinweise genügen, daß zu den Artikeln des Glaubens nicht die Vernunft, sondern die Hl. Schrift zu befragen ist.

Wenn er hier zusätzlich von »leerer Täuschung« spricht, meint er, der Philosophie entnommene Erörterungen zum Willen Gottes. Wenn wir aber von der Vernunft her über den göttlichen Willen urteilen, handelt es sich nicht um Philosophie, sondern um nichtige Träume. So hat etwa Epikur geleugnet, daß Gott etwas an uns liege oder daß die Seelen unsterblich seien. Oder manche Platoniker haben sich mit der Frage beschäftigt, wie Gott einen Gedanken erzeuge, um so der christlichen Lehre vom Sohne Gottes auszuweichen. Nach Aristoteles ist die Welt ewig und hat nie einmal angefangen. Mit Philosophie haben auch diejenigen die christliche Lehre vermischt, die der Vernunft die Fähigkeit zuschreiben, in uns ohne den Hl. Geist Glauben an Gott zu erwirken. Einer hat gar geschrieben, die platonische Philosophie sei die Grundlage des Christentums. Als sicher zu behaupten, was Vernunft oder Philosophie nicht behaupten kann, ja was ganz und gar außerhalb der Reich-

phiae posita, ea est inanis deceptio. Et sicut in lege praeceptum est, ne quis dissimile semen serat in eodem agro,
cavendum est, ne commisceantur evangelii doctrina et philosophia; sed evangelium est doctrina vitae spiritualis et iustificationis coram Deo. Philosophia vero est doctrina vitae
corporalis: sicut vides medicinam valetudini servire, mores
civiles communi hominum tranquillitati et iudiciis exercendis: deinde alias artes aliorum usuum causa repertas esse.
Geometria metitur corpora, in emendo, vendendo, in aedificando. Arithmetica contractus et magnam partem societatis
humanae gubernat. Est autem huiusmodi usus necessarius et
a Deo probatus, sicut multis locis Paulus docet utendum esse
creaturis Dei cum gratiarum actione. Et tamen usus talium
rerum corporalium non iustificat coram Deo, sicut praecepit
Deus edere, neque tamen id iustificat hominem. Ita diaeta
uti ex medici praescripto, tempestatum discrimina observare
non iustificant. Item civiles mores, ut non gerere arma, ubi
leges prohibent, aut vestire secundum leges, exigit Deus,
neque tamen id iustificat coram Deo. Paulus praecipit 2.
Timoth. 2. ὀϱϑοτομεῖν verbum veritatis. Ideo et nobis
cavendum est, ne misceamus evangelium et philosophiam,
aut hanc damnemus ea ex parte, qua approbat eam Deus, sed
rite separemus et discernamus rationis doctrinam a prophetia, et cuius usus causa utraque doceatur.
Postremo hoc omnium maxime refert admonere, quod facillime ratio decipitur, ut assentiatur incompertis et falsis,

weite von Vernunft und Philosophie liegt, ist »leere Täuschung«. Und wie das Gesetz verbietet, verschiedene Samen im gleichen Acker auszustreuen,[12] muß man sich auch hüten, die Lehre des Evangeliums und die Philosophie miteinander zu vermischen. Das Evangelium ist Lehre vom geistlichen Leben und von der Rechtfertigung vor Gott, die Philosophie dagegen vom weltlichen Leben. Die Medizin dient offensichtlich der Gesundheit, sittliche Verhaltensweisen und Maßstäbe dem friedlichen Zusammenleben und der Rechtsprechung. Andere Fertigkeiten sind um anderer Zwecke willen erfunden worden: Die Geometrie mißt räumliche Körper beim Kaufen und Verkaufen, beim Bauen. Die Arithmetik regelt Verträge und weite Bereiche des gesellschaftlichen Lebens. All diese Anwendungen sind notwendig und werden von Gott gebilligt. An vielen Stellen lehrt Paulus, die geschöpflichen Gaben Gottes seien mit Danksagung zu gebrauchen. Doch rechtfertigt ihr Gebrauch nicht vor Gott. So hat Gott dem Menschen ja auch zu essen geboten, ohne daß ihn dies rechtfertigt. Ebensowenig werden wir dadurch gerechtfertigt, daß wir uns an ärztliche Diätvorschriften halten oder die Einteilung der Zeit beachten. Gott fordert zwar sozialverträgliches Verhalten, beispielsweise keine Waffen zu tragen, wo es die Gesetze verbieten, oder Kleidervorschriften zu beachten, dennoch rechtfertigt dies nicht vor Gott. Paulus gebietet, »das Wort der Wahrheit recht zu unterscheiden« (2. Tim. 2,15). Daher müssen auch wir uns davor hüten, Evangelium und Philosophie zu vermischen oder die Philosophie in einer Hinsicht zu verdammen, in der sie Gott billigt. Vielmehr wollen wir in rechter Weise Vernunfteinsicht und Prophetie auseinanderhalten und unterscheiden, wozu uns jede unterweist.
Endlich muß vor allem daran erinnert werden, daß sich die Vernunft, wird sie nicht vom Wort Gottes geleitet, sehr leicht dazu verführen läßt, unbewiesenen und falschen

12 3. Mose 19,19.

etiam in diiudicandis naturalibus rebus, et multa turpia
contra naturam probet, quando non gubernatur Verbo Dei,
Roma. 1.: "Obscuratum est insipiens cor eorum." Item:
"Tradidit illos Deus in reprobum sensum." Item 2. Thessal.
2.: "Mittet illis Deus efficacem deceptionem, ut credant
mendacio." Item Proverb. 29.: "Cum defecerit prophetia,
dissipabitur populus." Cuius rei multa exempla videmus in
iis, qui sibi mortem consciverunt, ut Seneca Marcellinum
quendam praedicat libro 11. epistularum. Et quam multa
contra naturam Diogenes fecerit, notum est. Ostendit autem
Deus nobis huiusmodi horribilia exempla, ut incutiat nobis
metum. Ne nimium confidamus viribus nostrae rationis et ut
verbo suo doceri et regi nos patiamur.

Behauptungen zuzustimmen und bei der Beurteilung weltlicher Angelegenheiten unnatürlicherweise manches Schändliche zu billigen: »Ihr törichtes Herz ist verfinstert« (Röm. 1,21). »Gott hat sie ihrem verwerflichen Sinn überlassen.« »Gott schickt ihnen eine wirksame Täuschung, so daß sie der Lüge glauben« (2. Thess. 2,11). »Wenn die Prophetie ausbleibt, wird das Volk verstreut« (Sprüche 29,18). Beispiele dafür finden wir besonders bei denen, die sich selbst umgebracht haben wie etwa der von Seneca im elften Buch seiner Briefe erwähnte Marcellinus. Wie oft Diogenes gegen die Natur verstoßen hat, ist bekannt. So fürchterliche Beispiele stellt uns Gott vor Augen, um uns Furcht einzuflößen. Denn wir sollen nicht zu sehr auf die Kräfte unserer Vernunft vertrauen, sondern uns von seinem Wort lehren und leiten lassen.

Philosophiae moralis epitomes libri duo
(1546)

(III, 163–165)

Est autem prima quaestio de fine, quia sicut physica quaerit
alias causas hominis, ita philosophia moralis proprie quaerit
de fine hominis: ergo ad naturam hominis cognoscendam
opus est etiam doctrina morali, quia integra cognitio cuiuslibet rei, quantum fieri potest, flagitat inquisitionem omnium
causarum. Deinde et illud hominis eruditi est, hoc loco
considerare, quod doctrina moralis oriatur ex physicis, quia
ad physicos primum pertinet quaestio de causa. Ut igitur de
aliis rebus et animantibus necessario quaerendum est de fine,
seu de usu, seu ad quem usum sint res conditae, ita de
humano genere maxime quaerendum est, ad quem usum et
finem haec praestans natura condita sit. Haec quaestio de
fine est initium philosophiae moralis. Unde autem ortae sint
dissensiones inter philosophos de fine, postea ostendemus.
Primum enim quid sentiendum sit iis, qui recte et erudite
philosophantur, constituam. Cum philosophia moralis sit
pars legis Dei, ut supra dictum est, prorsus idem finis est
hominis secundum legem divinam, et secundum veram philosophiam, videlicet agnoscere Deum, eique oboedire, et
eius gloriam patefacere et illustrare, et tueri societatem
humanam propter Deum. Homini enim impressa est imago
Dei, ut in ea luceat et agnoscatur Deus. Imago enim debet
ostendere archetypum. Ergo finis hominis est agnoscere
Deum, et patefacere eius gloriam. Sicut autem aliae naturae

Sinn des Lebens

Die erste Frage betrifft das Ziel. Denn wie die Naturphilosophie nach anderen Ursachen im menschlichen Leben forscht, so fragt die Moralphilosophie nach dem Ziel. Daher bedarf es zur Erkenntnis des menschlichen Wesens auch einer Morallehre. Zur vollständigen Erkenntnis eines Gegenstandes ist es nämlich erforderlich, alle seine Ursachen zu erforschen. Dann muß der Gelehrte hier auch beachten, daß die Morallehre aus der Naturlehre entsteht. Denn die Frage nach der Ursache hat zunächst die Naturphilosophie zu beschäftigen. Wie also bei anderen Dingen und Lebewesen notwendigerweise nach ihrem Zweck oder Nutzen zu fragen ist, oder genauer nach dem Gebrauch, zu dem sie geschaffen sind, so ist auch im Blick auf die Menschheit nachdrücklich die Frage nach dem Sinn und Zweck zu stellen, zu dem diese hervorragende Art geschaffen ist. Diese Frage nach dem Sinn und Zweck steht am Anfang der Moralphilosophie. Woher die Gegensätze unter den Philosophen zur Frage nach dem Sinn und Zweck kommen, ist später darzutun. Zuerst will ich nämlich zeigen, welche Auffassung sich für diejenigen ziemt, die richtig und gelehrsam philosophieren. Da die Moralphilosophie, wie oben gezeigt, dem Gesetz Gottes zugehört, sind Sinn und Zweck des Menschen nach dem göttlichen Gesetz und der wahren Philosophie die gleichen: Gott erkennen, ihm gehorchen, seine Herrlichkeit leuchtend offenbaren, die menschliche Gemeinschaft um Gottes willen bewahren. Dem Menschen ist nämlich das Bild Gottes aufgeprägt, damit daran Gott durchscheine und erkannt werden könne. Das Bild muß die Urgestalt aufweisen. Also bestehen Sinn und Zweck des Menschen darin, Gott zu erkennen und seine Herrlichkeit zu offenbaren. Wie nun die anderen Wesen von kräftigen

habent acres et ingentes impetus ad suos fines, sicut sol ad conficiendum suum curriculum, celerrimo motu rapitur, ita in hominibus oportuit esse ardentissimos motus ad assequendum hunc finem, id est, ad notitiam Dei illustrandam, et ad oboediendum Deo. Nec cogitari quicquam posset pulchrius tali natura hominis, si in ea luceret firma et illustris notitia de Deo, et constaret harmonia, sic, ut Deo oboedirent omnes vires hominis. Sed postquam vitiata est hominis natura morbo originis, obscurata est illa notitia Dei, et secuta inoboedientia, et manet tamen finis, ad quem conditi sumus, et manet aliqua legis notitia, videt et ratio soli homini impressam esse notitiam de Deo; quare intelligit Deum conditorem esse, eumque iustum et vindicem scelerum esse, eique praecipue oboediendum esse. Ergo idem finis hominis constituendus est iuxta legem Dei, et veram ac eruditam philosophiam. Recte igitur Stoici dixerunt cetera hominum causa esse condita, homines vero Deorum causa, id est, ut innotescat Deus per homines, ut societati humanae proponamus notitiam Dei et iustitiam, ut in utroque Deus agnoscatur. Idem monent et sententiae in Poetis, qualis et illa est, quam citat Paulus in Actis. Sed iuxta Evangelium finis est, agnoscere Christum filium Dei, et accipere oblatam misericordiam, et glorificare Deum, eique oboedire. Dictum enim est supra discrimen esse inter legem et Evangelium, et tamen ita proponitur in Evangelio finis Christus, ut in eo Deus apprehendatur, et vere agnoscatur: ergo Evangelium etsi contionatur de agnitione Christi, tamen complectitur etiam finem in lege propositum. Iam hic cogitent bonae mentes,

Antrieben in ihnen auf ihre Ziele hin bewegt werden – die Sonne etwa wird zur Vollendung ihrer Bahn in schneller Bewegung vorangedrängt –, so müßte auch die Menschen ein leidenschaftliches Drängen hin zu ihrer Bestimmung lenken, nämlich die Erkenntnis Gottes aufleuchten zu lassen und Gott zu gehorchen. Nichts Schöneres ließe sich erdenken als ein solches menschliches Wesen, welches unerschütterlich im hellen Glanz der Gotteserkenntnis erstrahlte und in welchem alle Kräfte im gehorsamen Einklang mit Gott stünden. Aber nachdem die Urkrankheit die menschliche Natur verdorben hat, sind Verdunkelung der Gotteserkenntnis und Ungehorsam gefolgt. Dennoch bleiben das Ziel, auf das hin wir geschaffen sind, und ein Wissen um das Gesetz. Die Vernunft sieht, daß nur dem Menschen die Gotteserkenntnis aufgeprägt ist. Deshalb ist ihr einsichtig, daß Gott der Schöpfer ist und Verbrechen bestraft, daß besonders ihm Gehorsam gebührt. Daher ist der Sinn und Zweck des Menschen nach dem Gesetz Gottes und nach der wahren und gelehrten Philosophie festzusetzen. Richtig haben deshalb die Stoiker gemahnt, alles andere sei um des Menschen willen geschaffen und die Menschen um der Götter willen, d. h., damit Gott durch die Menschen bekannt werde, damit wir der menschlichen Gemeinschaft die Erkenntnis Gottes und seine Gerechtigkeit vor Augen stellen und Gott in beiden erkannt werde. Auf das gleiche machen Aussagen der Dichter aufmerksam, so etwa die von Paulus in der Apostelgeschichte angeführte. Nach dem Evangelium besteht der Sinn darin, Christus als Sohn Gottes zu erkennen, die in ihm dargebotene Barmherzigkeit Gottes anzunehmen, Gott zu verherrlichen und ihm zu gehorchen. Auf den Unterschied zwischen Gesetz und Evangelium wurde oben schon hingewiesen. Doch wird im Evangelium Christus so als das Ziel dargestellt, daß in ihm Gott ergriffen und erkannt werde. Obwohl folglich das Evangelium von der Erkenntnis Christi kündet, umfaßt es doch auch das im Gesetz verordnete Ziel. Schon hier mögen Wohlgesonnene

quid requirat notitia finis. Nusquam ab hac meta disce-
dendum est. Omnia consilia, omnes actiones eo referri
debent, omni contentione atque impetu animus conniti
debet, ut hunc finem assequatur et ornet. Ita contendere toto
pectore debemus, ut Deum agnoscamus, eique obtempere-
mus, et eius gloriam illustremus, sicut Christus inquit:
Luceat lux vestra coram hominibus, ut glorificetur Pater
coelestis, et in precatione primum petimus de illo fine,
sanctificetur, id est, vere agnoscatur nomen tuum, et verbum
tuum. Et gravissimus extat Nazianzeni versiculus: ἀρχὴν
ἁπάντων καὶ τέλος ποιεῖ θεόν. Hic etiam considerandum
est, quanta sit infirmitas humana, quod hunc finem non ita
intuetur, et expetit ut debet. Rursus, quantus sit furor palam
tollere hunc finem, quasi ex natura deleri possit, qualis est
amentia Epicuri, et huius generis imagines proponuntur in
poematis, ut apud Euripidem inquit Cyclops:

> Non ulla numina expavesco coelitum,
> Sed victimas uni Deorum maximo ventri offero,
> Deos ignoro ceteros.

Ita poetae cum tribuunt contemptum Dei talibus personis
degenerantibus a natura hominum, significant hoc vitium
praecipue cum natura hominis pugnare. Nec tamen aliud est
re ipsa Epicuri philosophia, quam ista vox Cyclopis.
Nunc includam in syllogismos argumenta supra posita de
fine hominis. Primum, per imaginem debet cerni et innotes-
cere archetypus. Homo est imago Dei: ergo ideo est imago,
ut per illum innotescat Deus.
Secundum, notitia naturae impressa non est frustra insita

bedenken, was die Erkenntnis des Endziels erfordert. Nirgends darf von diesem Ziel abgewichen werden. Alle Pläne, alle Handlungen sind darauf zu beziehen. Mit angestrengter Energie muß die Seele danach streben, dieses Ziel zu erreichen und in seiner Schönheit erstrahlen zu lassen. Die ganze Kraft unseres Herzens müssen wir darauf richten, Gott zu erkennen, ihm zu gehorchen, seine Herrlichkeit aufleuchten zu lassen nach dem Wort Christi: »Euer Licht leuchte vor den Menschen, damit euer himmlischer Vater verherrlicht werde.« Auch im Gebet geht es uns zuerst um dieses Ziel: »Geheiligt werde dein Name.« Das heißt, er werde in Wahrheit erkannt, dein Wort werde begriffen. Von Gregor von Nazianz ist ein sehr gewichtiges Wort erhalten: »Laß Gott Anfang und Ende von allem sein.« Man muß sich vor Augen halten, wie groß die Schwäche des Menschen ist, daß er dieses Endziel nicht so schaut und anstrebt, wie er soll. Welch ein Wahn ist es wiederum, dieses Ziel öffentlich zu leugnen, als ließe es sich aus dem Wesen der Dinge herausnehmen. Dies versucht etwa Epikur in seiner Verrücktheit. Bilder dafür finden sich in den Dichtungen. So sagt beispielsweise der Kyklop bei Euripides:

»Ich scheue keine himmlischen Wesen. Opfer bringe ich dem einzigen großen Gott dar, meinem Bauch. Um andere Götter weiß ich nicht.«

Indem die Dichter die Verachtung Gottes solchen entarteten Menschen zuschreiben, machen sie deutlich, wie sehr diese Verkehrtheit dem Wesen des Menschen widerstreitet. In der Philosophie Epikurs äußert sich nichts anderes als eine solche Kyklopenstimme.

Ich will, was ich oben über den Sinn des menschlichen Lebens gesagt habe, noch kurz in Schlußfolgerungen zusammenfassen. Durch das Bild soll das Urbild anschaulich und bekannt werden. Der Mensch ist das Bild Gottes: Folglich ist er dazu sein Bild, daß durch ihn Gott bekannt werde. Zweitens ist die der Natur eingeprägte Kenntnis dem

mentibus, soli homini notitia de Deo est insita. Ergo homo proprie est conditus ad illam notitiam illustrandam et propagandam.

Tertium, sicut in natura effectus reguntur a suis causis, ita creaturam necesse est oboedire conditori. Mens agnoscit nos ortos esse a Deo, et quidem cernit requiri oboedientiam, et puniri inoboedientiam: ergo praecipue debemus oboedire Deo.

Bewußtsein nicht zwecklos eingepflanzt. Nur dem Menschen ist das Wissen um Gott eingepflanzt. Folglich ist der Mensch im besonderen dazu geschaffen, dieses Wissen aufleuchten zu lassen und zu verbreiten.

Wie – drittens – in der geschaffenen Welt die Wirkungen von ihren Ursachen bestimmt werden, so muß das Geschöpf seinem Schöpfer gehorchen. Unser Denken erkennt, daß wir unseren Ursprung Gott verdanken, und sieht ein, daß Gehorsam gefordert und Ungehorsam bestraft wird. Deshalb müssen wir besonders Gott gehorchen.

Liber de anima
(1553)

(III,326–328)

Etsi penetrari acie humanae mentis rerum natura non potest,
tamen vult Deus eam ab hominibus aspici, ut in ea consideremus testimonia de ipso, quae ostendunt et esse Deum, et
qualis sit. Ac ordo in tota reliqua natura, praeter mentem
hominis, ostendit, hunc mundum non extitisse casu, sed
conditorem esse artificem sapientem, qui mirando consilio
positus corporum, caeli, terrae, aeris et aquae, et motus
caelestes, et rerum nascentium vires distribuit.
Sicut autem homo conditus est, ut in eo luceat notitia Dei, et
ut ei Deus communicet suam sapientiam et bonitatem, ita
mentem humanam voluit evidentissimum de ipso testimonium esse. Cui et insita est lux, qua esse Deum agnoscimus,
et insitae sunt notitiae, discernentes honesta et turpia. Et ut
hoc discrimen sit illustre et firmum, additus est vindex in
nobis. Sequuntur immutabili ordine horrendi cruciatus,
damnantes scelera, ac reum prorsus delentes. Hoc discrimen
ostendit, qualis sit Deus, et quod sit iudex et vindex. Impos-
sibile est notitias numerorum et alias, et discrimen honestorum ac turpium, ortas esse a bruta natura, aut casu sic
nasci. Est igitur mens architectatrix sapiens. Et intelligimus
numeros, et discrimen honestorum et turpium in mentibus
humanis immutabiliter lucere, et experimur tamquam vin-
dice Deo naturam hominis destrui, cum hunc ordinem vio-

Menschenbild

Wenn auch die Schärfe menschlichen Denkens das Wesen
der Dinge nicht durchdringen kann, so will Gott doch, daß
wir Menschen es betrachten, damit wir darin wahrnehmen,
was ihn bezeugt, was aufweist, daß Gott ist und wie er ist.
Sehen wir zunächst einmal vom menschlichen Geist ab, so
zeigt auch die Ordnung in der ganzen übrigen Natur: Diese
Welt ist nicht durch Zufall entstanden, sondern ihr Schöpfer
ist ein weise wirkender Künstler, der den Ort der materiel-
len Körper, des Himmels, der Erde, der Luft und des
Wassers, die Himmelsbewegungen und die Kräfte des Wer-
dens nach einem bewundernswerten Plan bestimmt hat.
Wie der Mensch geschaffen ist, damit in ihm die Erkenntnis
Gottes leuchte und damit ihm Gott seine Weisheit und Güte
mitteile, so sollte nach Gottes Willen der menschliche Geist
ihn am klarsten bezeugen. Er trägt in sich eingepflanzt das
Licht, durch das wir das Dasein Gottes erkennen, das
Wissen, wonach wir Ehrenhaftes und Schändliches unterscheiden. Damit dieser Unterschied deutlich feststehe, hat er
einen rächenden inneren Richter hinzugesetzt. Nach einer
unwandelbaren Ordnung folgen der Untat schreckliche
Qualen, die den Schuldigen verdammen und vernichten.
Diese Unterscheidung weist auf die Eigenart Gottes als
Richter und Rächer des Unrechts. Kenntnisse wie die Zahlen und die Unterscheidung von Ehrenwertem und Schändlichem können nicht aus der rohen Natur hervorgegangen
sein oder durch Zufall entstehen. Es ist also eine planende
und weise geistige Macht da. Wir sehen ein, daß die Zahlen
und die Fähigkeit, Ehre und Schande zu unterscheiden,
unveränderlich im menschlichen Bewußtsein leuchten, und
wir erfahren, wie der Mensch in seiner Art gleichsam unter
dem Strafgericht Gottes zerbricht, wenn er diese Ordnung

lat. Talis est igitur Deus, ut hunc ordinem velit, et hae
notitiae radii sunt sapientiae divinae.

Esset autem haec lux in nobis multo clarior, si natura
hominum non languefacta esset, sed tamen adhuc reliquae
sunt scintillae tantae, ut de numeris nulla est dubitatio.
Iudicium etiam de sceleribus post delicta tam tenaciter
manet, ut homines rei extinguantur conscientiae dolo-
ribus.

Cum igitur in hac parte hominis tam illustria sint de Deo
testimonia, cumque praecipue discernat homines a bestiis, et
sit vitae rectrix, diligenter consideranda est, quantum fieri
potest. Et fontes omnium artium sunt in hac potentia. Quare
eius cognitio ad multarum rerum diiudicationem necessaria
est.

Etsi autem hoc speculum Dei non potest ita monstrari, ut
specula nostrorum corporum manufacta ex vitro et plumbo,
tamen actiones ostendunt, esse in nobis talem potentiam,
quae et qualis sit, in illa aeterna luce cernemus. Nunc
actiones consideremus, et distinguamus, quae nos a bestiis
discernunt, et quae sunt testimonia de Deo, et vitam regunt
et gignunt omnes honestas artes.

Diximus autem antea de potentiis, quae nominantur organi-
cae, id est, quae non exercent suas vires, nisi per organa
corporea, quae quia monstrari possunt etiam in bestiis,
doctrina de eis minus obscura est. At in homine esse aliam
superiorem potentiam, eo constat, quia actiones habemus,
quas bestiae non imitari possunt. Homo numerat, intelligit
non tantum singularia, sed etiam universalia, habet notitias
innatas, ratiocinatur longe alia ex aliis, extruit artes, iudicat
ratiocinationes suas, et deprehendit ac mutat errata, habet
actus reflexos, ut vocant, discernit honesta et turpia, delibe-

verletzt. Es entspricht deutlich Gottes Wesen, diese Ordnung zu wollen, und jene angeborenen Kenntnisse sind Strahlen der göttlichen Weisheit.

Dieses Licht wäre in uns viel heller, wäre die menschliche Natur nicht geschwächt. Doch sind noch Funken in ihr übrig. Im Blick auf die Zahlen gibt es daran keinen Zweifel. Aber auch das Urteil über Verfehlungen haftet im nachhinein so fest, daß Schuldige unter Gewissensqualen zugrunde gehen.

Da das Denkvermögen so deutliche Zeugnisse von Gott enthält, die Menschen am meisten von den Tieren absetzt und das Leben leitet, ist es, so gut es geht, zu untersuchen. Denn alle Künste und Wissenschaften haben in ihm ihren Ursprung. Es zu erkennen ist für die Beurteilung vieles anderen nötig.

Obwohl dieser Spiegel Gottes nicht so vorgezeigt werden kann wie die aus Glas und Blei hergestellten Spiegel für unsere Leiber, so zeigen doch seine Tätigkeiten, daß in uns ein solches Vermögen ist. Seine wahre Beschaffenheit werden wir im ewigen Licht schauen. Jetzt wollen wir die menschlichen Tätigkeiten betrachten, um herauszufinden, welche Merkmale uns von den Tieren unterscheiden, Gott bezeugen, unser Leben bestimmen und allen dem Guten gemäßen Künsten und Wissenschaften zugrunde liegen.

Wir haben schon von den sogenannten organischen Fähigkeiten gesprochen, die nur durch organische Leiber wirken. Da sie sich auch an Tieren aufweisen lassen, liegt die Lehre darüber weniger im Dunkeln. Aber daß der Mensch ein weiteres, höheres Vermögen besitzt, steht von daher fest, daß wir über für die Tiere nicht nachvollziehbare Verhaltensweisen verfügen: Der Mensch zählt, versteht nicht nur das Einzelne, sondern auch das Allgemeine, hat angeborene Kenntnisse, erschließt das eine aus dem anderen, entwickelt Wissenschaft und Technik, urteilt über seine eigenen Vernunftschlüsse, erkennt und korrigiert Fehler, wendet sich in sogenannten reflexen Akten auf sich selbst zurück, unter-

rat longa ratiocinatione. Haec non sunt communia nobis
cum bestiis, sicut actiones sensuum, videre, audire, in quibus superant nos etiam bestiae, ut acie oculorum aquilae,
odoratu vultures.

Est igitur propria homini potentia rationalis, ut nominant,
quae est summa vis humanae animae. Et hanc potentiam
usitate nominant inorganicam. Etsi enim in hac vita sensus
interiores, ei serviunt et obiecta offerunt, tamen cum anima
discedens a corpore suam quandam habeat actionem, et suos
motus, dicitur inorganica.

Duae sunt potentiae in hac summa parte, ut sic dicam:
Intellectus et voluntas. Retineo enim usitatas appellationes et
distributiones. Augustinus, ut monstret imaginem Dei in
anima, tres vires nominat: Memoriam, intellectum et voluntatem. Sed de imagine Dei postea dicam. Etsi autem postea
magis perspicuum erit, quare necesse sit discerni intellectum
et voluntatem, seu potentiam cognoscentem et appetentem,
tamen nunc quoque in vestibulo, iuniores de utilitate huius
discriminis admonendi sunt. Aliud esse notitias, aliud serias
appetitiones sciri necesse est, ut in Pompeio notitia est Iulii.
Et haec manet eadem ante bellum et in bello. Sed prius
benevolentia erat in voluntate, postea accenditur odium.
Sunt igitur res diversae notitia et affectus.

scheidet Ehrenhaftes und Schändliches, und wägt in langen Schlußketten ab. All das haben wir nicht wie die Sinnestätigkeiten mit den Tieren gemeinsam. In diesen sind uns sogar manche überlegen, wie etwa in der Sehschärfe die Adler und im Geruchssinn die Geier.

Besonders eigen ist dem Menschen also die sogenannte Denkfähigkeit, welche sein höchstes Seelenvermögen darstellt. Dieses Vermögen bezeichnet man gewöhnlich als »inorganisches«. Obwohl ihm nämlich in diesem Leben die inneren Sinne dienen und die Gegenstände darbieten, wird es »inorganisch« genannt, weil auch die sich vom Körper lösende Seele ihre Tätigkeiten und Regungen hat.

Dieser sozusagen höchsten Seelenregion gehören zwei Vermögen zu: der Verstand und der Wille. Damit behalte ich die üblichen Bezeichnungen und Einteilungen bei. Um auf das Bild Gottes in der Seele hinzuweisen, nennt Augustinus[1] drei Seelenvermögen: Gedächtnis, Verstand und Willen. Über das Abbild Gottes sage ich hernach etwas. Obwohl später deutlicher hervortreten wird, warum die Unterscheidung von Verstand und Willen, von Erkenntnis und Begehrvermögen erforderlich ist, soll doch die studierende Jugend schon jetzt im Vorraum auf die Nützlichkeit dieser Unterscheidung aufmerksam gemacht werden. Man muß wissen, daß Kenntnisse auf der einen Seite stehen, ernsthafte Bestrebungen auf der anderen. In Pompeius ist beispielsweise die Kenntnis von Julius. Diese bleibt vor dem Kriege und während des Krieges die gleiche. Aber zunächst ist in seinem Willen Wohlwollen, dann entzündet sich Haß. Also sind Kenntnis und Gefühlsregung verschiedene Dinge.

1 *De trinitate* X und XI.

Liber de anima
(1553)

(III,362–364)

Voluit autem Deus agnosci se ab humana natura et talem esse
imaginem Dei hominem, quae similitudinem cerneret et
intelligeret. Summa enim similitudo est, sapientiae et iustitiae congruentia, quae non potest esse nisi in natura intelli-
gente. Et quia bonum est κοινωνικόν, vult Deus haec sua
summa bona homini communicare.

Indidit igitur menti humanae notitias, quae monstrant et esse
Deum, et qualis sit. Nam similitudo vel dissimilitudo non
posset iudicari, si prorsus nesciremus qualis sit Deus. Et
primus gradus similitudinis est, habere potentiam intelligen-
tem et congruentem sapientiam.

Fuit autem ante peccatum talis imago, ut potentiae omnes
congruerent cum Deo. In intellectu fulsit firma Dei notitia,
voluntas et cor congruebant cum Deo, id est, habebant
rectitudinem et iustitiam congruentem cum Deo, et libertas
voluntatis non erat impedita. Et in hac sua imagine Deus
habitabat, daturus vitam sine morte, et laetitiam perpetuam,
si homo non excussisset Deum rectorem. Sic loquitur Paulus
de imagine, cum inquit ad Ephesios: Induite novum hominem, qui secundum Deum creatus est in iustitia et sanctitate
vera. Ita vetustas loquitur de imagine, ut nominet imaginem,
non tantum potentias animae, ut Augustinus, sed tales potentias, in quibus luceat Dei notitia, et quae congruant cum
Deo, et sint domicilium Dei.

Augustinus hoc modo accommodat potentias. In homine

Gottes Bild im Menschen:
Zerstörung und Wiederherstellung

Gott wollte von der menschlichen Natur erkannt werden.
Der Mensch sollte ein solches Abbild Gottes sein, daß er die
Ähnlichkeit wahrnähme und verstünde. Die höchste Ähnlichkeit ist die Übereinstimmung in Weisheit und Gerechtigkeit, wie sie nur bei einem vernünftigen Wesen gegeben sein
kann. Da das Gute gemeinschaftsbezogen ist, will Gott diese
beiden höchsten Qualitäten seines Gutseins dem Menschen
mitteilen.
Folglich pflanzte er dem menschlichen Bewußtsein Kenntnisse ein, die auf Sein und Wesen Gottes hinweisen. Denn
über Ähnlichkeit oder Unähnlichkeit könnten wir uns kein
Urteil bilden, wenn wir gar nicht wüßten, wie Gott ist. Die
erste Stufe der Ähnlichkeit ist der Besitz eines Denkvermö-
gens und der entsprechenden Weisheit.
Vor der Sünde war das Bild so beschaffen, daß alle Vermögen mit Gott übereinstimmten. Im Verstand leuchtete die
Erkenntnis Gottes, der Wille und das Herz stimmten mit
Gott überein; d. h., es eignete ihnen die Rechtschaffenheit
und Gerechtigkeit, die im Einklang mit Gott war, und die
Freiheit des Willens war durch nichts behindert. Diesem
seinem Bilde wohnte Gott inne. Er hätte ihm ein durch
keinen Tod begrenztes Leben und ewige Freude gegeben,
hätte der Mensch Gott, der ihn leiten wollte, nicht aus sich
vertrieben. Paulus spricht vom Ebenbild, wenn er im Brief
an die Epheser sagt: »Seht den neuen Menschen an, der Gott
gemäß geschaffen ist in Gerechtigkeit und wahrer Heiligkeit.« Die Alte Kirche meint mit Ebenbild nicht nur wie
Augustinus die Seelenvermögen als solche, sondern insofern, als in ihnen die Kenntnis Gottes leuchtet, sie mit Gott
im Einklang sind und ihm als Wohnung dienen.
Augustinus ordnet die Seelenvermögen so: Im Menschen ist

haec tria praecipua sunt: Mens gignens cogitationem, cogitatio quae est imago rei cogitatae, et voluntas, in qua sunt laetitia et amor. His potentiis aliquo modo discrimina personarum significari inquit. Patrem aeternum significat mens gignens cogitationem, imago formata cogitatione in nobis significat filium, voluntas Spiritum sanctum. Nam pater aeternus intuens se, et cogitans gignit verbum, quod est imago aeterni patris, quae est filius Dei, qui dicitur et λόγος et εἰκὼν aeterni patris. Spiritus sanctus est substantialis amor et laetitia procedens ab aeterno patre et filio. Id congruit ad voluntatem et ad spiritus in corde, qui sunt flammae et instrumenta motuum.

Etsi autem verum est, etiam has potentias ideo sic conditas esse, ut multa nos doceant de Deo, et nunc quoque etsi natura humana languefacta est, multa perspicua testimonia de Deo et de providentia, sumi ab anima et a notitia legis insita nobis, et a conscientiae terroribus possunt, tamen anima sine luce Dei est corrupta imago.

Iam hic utrumque consideretur. Amor Dei erga nos et nostra calamitas secuta peccatum. Non casu ex atomis confluxit haec hominum natura. Sunt enim manifesta testimonia de Deo, radii sapientiae Dei in nobis adhuc lucentes notitiae de Deo, et immotum discrimen honestorum et turpium. Quantus autem amor est in Deo erga genus humanum, quod transfudit in nos in fabricatione ea bona, quae in ipso sunt optima, scilicet, naturam capacem sapientiae et iustitiae, deinde radios suae sapientiae, et iustitiam cum eo congruentem, libertatem electionis, vitam et laetitiam perpetuam. Et haec bona ita nobis attribuit, ut ipse simul voluerit in nobis

dreierlei sehr wichtig, das Bewußtsein, das den Gedanken erzeugt, der Gedanke, welcher das Bild des gedachten Gegenstandes ist, und der Wille, welchem Freude und Liebe innewohnen. Nach seiner Auffassung weisen diese Kräfte gleichsam zeichenhaft auf die Unterscheidungen der Personen in der Heiligen Dreieinigkeit. Den ewigen Vater bedeutet das den Gedanken erzeugende Bewußsein, das vom Gedanken gestaltete Bild bedeutet den Sohn, und der Wille den Hl. Geist. Denn der ewige Vater, erzeugt, indem er sich selbst schaut und denkt, das Wort. Dieses ist das Bild des ewigen Vaters, der Sohn Gottes, welcher λόγος und εἰκών des ewigen Vaters genannt wird. Der Hl. Geist ist die wesenhafte und vom ewigen Vater und vom Sohn ausgehende Liebe und Freude. Dies entspricht dem Willen und den Regungen des Herzens, die den Tätigkeiten Energie und Form liefern.

Tatsächlich sind diese Seelenvermögen so beschaffen, daß sie uns vieles über Gott lehren können. Obwohl die menschliche Natur jetzt geschwächt ist, lassen sich doch der Seele, dem uns eingepflanzten Gesetz Gottes und den Gewissensängsten, viele deutliche Zeugnisse über Gott und die Vorsehung entnehmen.

Schon hier ist zweierlei zu betrachten: die Liebe Gottes zu uns und das Unheil, das uns nach dem Sündenfall getroffen hat. Nicht durch Zufall haben sich Atome zur menschlichen Natur zusammengesetzt. Noch immer sind das Wissen um Gott und die unerschütterliche Unterscheidung von Ehrenhaftem und Schändlichem in uns offenbare Zeugnisse von ihm, leuchtende Strahlen seiner Weisheit. Wie groß muß doch die Liebe Gottes zum Menschengeschlecht sein, daß er bei unserer Erschaffung etwas von den guten Eigenschaften in uns einfließen ließ, die in ihm selbst die besten sind: eine für Weisheit und Gerechtigkeit empfängliche Natur, Strahlen seiner Weisheit, die ihm entsprechende Gerechtigkeit, Wahlfreiheit, Leben und ewige Freude. All dieses Gute legte er so in uns hinein, daß er uns gleichzeitig selbst einwohnen,

habitare, augere sapientiam, et suis motibus nos regere. Quid potest cogitari maius?

Nunc vero quam dissimiles sumus huic primae fabricationi! Mens plena est caliginis et dubitationum de Deo. In voluntate et corde sunt multiplices flammae errantium cupiditatum, et pugnantium cum Deo, iniusti amores et iniusta odia. His flammis incitantur alii ad confusiones libidinum, alii ad caedes, alii ad alia scelera. Immo diaboli insiliunt in impiorum pectora, et impellunt multos ut faciant horrendas dissipationes in genere humano, ac vastationes infinitas. Haec tanta mala aspiciamus, et veris gemitibus deploremus. Rursus autem patefactiones Dei intueamur, qui postquam in tantas miserias incidimus, tamen immensa bonitate nobis opem tulit, filio pro nobis deprecante. Hic igitur filius aeterni patris, Dominus noster Iesus Christus nobis donatus est, ut fieret victima pro nobis, et placaret iram aeterni patris, et sit sacerdos perpetuus, colligens ecclesiam voce evangelii, in qua decretum de reconciliatione patefecit, quod et ipse cum sit λόγος aeterni patris, in mentibus nostris effatur, et ostendit nobis patrem placatum, ac Spiritum sanctum effundit in corda nostra, ut vero amore et laetitia cum aeterno patre et ipso copulemur. Ita restituitur in nobis vita et iustitia aeterna, et renovatur imago Dei verbo lucente in mente, ut agnitio Dei sit clarior et firmior, et Spiritu sancto accendente motus congruentes cum Deo in voluntate et corde. Sicut Paulus inquit ad Corinthios: Nos retecta facie fulgorem Domini intuentes, velut in eandem imaginem transformamur a claritate in claritatem, tamquam a Domini

unsere Weisheit mehren und durch seine Regungen uns
leiten wollte. Was läßt sich Größeres denken?
Wie wenig gleichen wir jetzt dem ersterschaffenen Men-
schen! Unser Denken ist voller Finsternis und Zweifel an
Gott. Im Willen und Herzen flackern die Flammen in die
Irre gehender Begierden, die Gott widerstreiten, unrechte
Regungen von Liebe und Haß. Von diesen Flammen werden
die einen in die Wirrungen der Wohllust, andere zum Mord,
und wieder andere zu anderen Verbrechen getrieben. Ja, die
Dämonen dringen in die Brust der Gottlosen und stacheln
viele dazu an, ein furchtbares Durcheinander unter den
Menschen anzurichten und unendliche Verwüstungen. Laßt
uns den Blick auf diese großen Übel richten und sie mit
ehrlichen Seufzern beklagen. Wiederum wollen wir aber
auch auf die Offenbarungen Gottes schauen, der uns, nachdem wir in solches Elend gefallen waren, in seiner unendli-
chen Güte half, weil sein Sohn für uns bittend eintrat. Dieser
Sohn des ewigen Vaters, unser Herr Jesus Christus, wurde
zum Opfer für uns gegeben, damit er den Zorn des ewigen
Vaters besänftige. Er soll der ewige hohe Priester sein, der
durch das Wort des Evangeliums die Kirche sammelt, in
welcher er den Versöhnungsbeschluß Gottes offenbart hat.
Dies spricht er auch selbst, der doch der λόγος des ewigen
Vaters ist, in unserem Inneren aus, weist auf den Vater, den
er begütigt hat, und gießt den Hl. Geist in unsere Herzen
aus, damit wir in wahrhaftiger Liebe und Freude mit dem
ewigen Vater und ihm selbst verbunden sein sollen. So
werden in uns Leben und ewige Gerechtigkeit wiederherge-
stellt. Das Bild Gottes wird erneuert, und sein Wort leuchtet
in unserem Innern. Die Erkenntnis Gottes wird so klarer
und gewisser, und der Hl. Geist entzündet in Herz und
Wille Regungen im Einklang mit Gott. So sagt Paulus zu
den Korinthern: »Wie wir mit aufgedecktem Angesicht den
Glanz des Herrn schauen, so werden wir von Herrlichkeit
zu Herrlichkeit gleichsam vom Geist des Herrn in das

spiritu. Id est, in vera conversione agnito filio consolante nos, et ostendente misericordiam aeterni patris, agnoscimus iam praesentiam Dei, non manemus in dubitatione, an Deus nos curet, sed magis magisque ad verbi, id est, filii lucem transformamur, Spiritu sancto confirmante assensionem, seu fidem in cordibus nostris, et accendente motus congruentes verbo. Et ut est ordo cognitionis et voluntatis in nobis, ita λόγος ostendit reconciliationem patris, et Spiritus sanctus accendit laetitiam, ut invocare Deum possimus, confirmat assensionem, et accendit alios motus, ipsi congruentes. Ita Athanasius inquit, renovari imaginem ut filio similis fiat, et in quocumque Spiritus sanctus est, in eo est per verbum. Haec in cottidiana invocatione discenda sunt, et considereanda testimonia Dei nobis exhibita, et celebranda est vera gratitudine ipsius bonitas. Nomino igitur imaginem Dei potentias animae, sed lucente in eis Deo. Eritque tum demum perfecta imago, cum in caelesti ecclesia erit Deus omnia in omnibus.

Omitto rixam utra potentia praecellat, cognoscens an voluntas. Pariter enim regere ceteras vires debent. Et quamvis voluntas est praestantior, quia velut rex eligit deliberata aut reiicit, tamen non habet tyrannicum imperium, sed recto iudicio obtemperare debet. Suntque reipsa una substantia, intellectus et voluntas. Sed genera actionum diversa sunt. Notitia Clodii manet in Cicerone eadem. Sed alias amat, alias odit eum.

gleiche Bild verwandelt.«[1] Das heißt: Wenn wir in wahrhaf-
ter Bekehrung den Sohn Gottes erkennen, der uns tröstet
und auf die Barmherzigkeit des ewigen Vaters hinweist,
werden wir uns auch schon der Gegenwart Gottes bewußt
und bleiben nicht im Zweifel, ob Gott etwas an uns liegt,
sondern wir werden immer mehr zum Licht des Wortes,
d. h. des Sohnes, verwandelt; der Hl. Geist bestätigt in
unseren Herzen die Zustimmung, den Glauben, und entzündet dem Worte entsprechende Regungen. Wie in uns
eine Ordnung der Erkenntnis und des Willens besteht, so
weist der λόγος auf die Versöhnung des Vaters, und so
entzündet der Hl. Geist Freude, so daß wir Gott anrufen
können, bestätigt unsere Zustimmung und läßt noch andere
Regungen entstehen, die mit ihm in Einklang sind. Athanasius lehrt, das Ebenbild erneuere sich so, daß es dem Sohne
ähnlich werde, und in wem auch immer der Geist sei, in dem
sei er durch das Wort. All das sollen wir in täglicher
Anrufung Gottes lernen, die Zeugnisse, die er uns von sich
selbst vorhält, sollen wir betrachten und seine Güte wahrhaft dankbar preisen. Ich bezeichne also als Ebenbild Gottes
die Seelenvermögen, aber nur dann, wenn aus ihnen Gott
hervorleuchtet. Das Ebenbild wird erst dann vollkommen
sein, wenn in der himmlischen Kirche Gott alles in allem
sein wird.

Ich übergehe den Streit, ob dem Erkenntnis- oder dem
Willensvermögen der Vorrang zukomme. Denn gleicher-
weise sollen sie die übrigen Kräfte leiten. Tritt auch der
Wille etwas mehr hervor, weil er sich wie ein König für oder
gegen Denkergebnisse entscheidet, so kommt ihm doch
keine tyrannische Befehlsgewalt zu, sondern er soll dem
rechten Urteil der Vernunft gehorchen. In Wirklichkeit sind
Verstand und Wille eines Wesens, unterscheiden sich jedoch
nach den Handlungsweisen. Die Kenntnis des Clodius
bleibt in Cicero die gleiche. Aber das eine Mal liebt er, das
andere Mal haßt er ihn.

1 2. Kor. 3,18.

De immortalitate animae humanae.

Illustre testimonium est de vita perpetua secutura post hanc mortalem vitam, quod filius Dei dominus noster Iesus Christus crucifixus et mortuus, postea revixit. Et ne spectrum existimaretur, familiaritate quadraginta dierum ostendit Apostolis et aliis multis, se vere revixisse, et rursus vere copulatam esse animam suo corpori, in quo antea vixerat. Ac ut pluribus exemplis fides confirmaretur, simul et aliis multis, qui mortui fuerant, vita in corporibus reddita est. Et consentaneum est, praecipue primos parentes, Adam, Hevam, Seth, Nohe, Sem, Abraham, Isaac, Iacob, Ioseph, et multos similes fuisse comites illius triumphi Christi, ac saepe Hevam et alias matronas assidentes apud Mariam et sororem eius narrasse sui temporis certamina, et mirandas liberationes.

Intueamur igitur Christum in hac apostolorum consuetudine, postquam ex morte revixit, dulcissime cum eis colloquentem, et testimonia de sua vita ostendentem, ac multa docentem. Et adiungamus ad hoc exemplum doctrinam, in qua planissime affirmat ipse, redditurum se esse vitam in corporibus omnibus hominibus post mortem, et eos, qui in hac mortali vita ad Deum conversi fuerunt, in omni aeternitate deinceps in caelesti ecclesia ita victuros esse, ut Deum coram intueantur et fruantur eius sapientia, iustitia et laetitia, et vicissim eum grati celebrent.

Die Unsterblichkeit der menschlichen Seele

Das leuchtende Zeugnis dafür, daß nach diesem sterblichen Leben ein ewiges Leben folgt, besteht darin, daß der Sohn Gottes, unser Herr Jesus Christus, nach seinem Tod am Kreuz wieder zum Leben erwachte. Damit man ihn nicht für ein Gespenst halten sollte, zeigte er den Aposteln und vielen anderen durch einen vierzig Tage währenden vertrauten Umgang, daß er wahrhaftig wieder zum Leben erwacht war und sich seine Seele wieder mit dem Körper verbunden hatte, in welchem er vorher gelebt hat. Der Glaube sollte durch mehrere Beispiele gefestigt werden. Deshalb wurde gleichzeitig vielen anderen Verstorbenen das leibliche Leben zurückgegeben.[2] Dem entspricht, daß besonders die Ureltern Adam, Eva, Seth, Noah, Sem, Abraham, Isaak, Jakob, Joseph und viele andere Christus bei seinem Triumph begleiteten[3] und daß Eva und andere ehrwürdige Frauen oft mit Maria und ihrer Schwester zusammensaßen, um von den Kämpfen ihrer Zeit und den wunderbaren Errettungen zu erzählen.

Laßt uns deshalb auf Christus sehen, wie er nach seiner Auferstehung vom Tode mit den Aposteln vertrauten Umgang pflegt, sanft mit ihnen spricht, auf die Zeugnisse von seinem Leben hinweist und vieles andere lehrt. Laßt uns die Lehre hinzunehmen, durch die er selbst auf das deutlichste bekräftigt, er werde leibliches Leben nach dem Tode allen Menschen zurückgeben und diejenigen, die in diesem Leben sich zu Gott bekehrt hätten, würden fürderhin in alle Ewigkeit so in der himmlischen Kirche leben, daß sie im Genusse von Gottes Weisheit, Gerechtigkeit und Freude ihn von Angesicht schauen und dankbar preisen.

---

2 Mt.27,52.
3 Die Stelle bezieht sich auf die Lehre vom »Abstieg Christi in das Reich des Todes« (Credo: descendit ad inferos), nach welcher er sein Erlösungswerk auch in vorchristlicher Zeit Verstorbenen zuwendet (1. Petr. 3,19).

Loci praecipui theologici
(1559)

(II,1,236–241)

In homine est pars cognoscens ac iudicans, quae vocatur
mens vel intellectus vel ratio, in hac parte sunt notitiae.
Altera pars appetens vocatur voluntas, quae vel obtemperat
iudicio vel repugnat, et sub voluntate sunt appetitiones
sensuum seu affectus, quorum subiectum et fons est cor, qui
interdum congruunt, interdum pugnant cum voluntate. Est
sub voluntate et locomotiva. [...]
Vocantur autem liberum arbitrium mens et voluntas
coniunctae. Aut vocatur liberum arbitrium facultas voluntatis ad eligendum ac expetendum ea, quac monstrata sunt, et
ad reiiciendum eadem, quae facultas in natura integra longe
praestantior fuit, nunc multipliciter impedita est, ut postea
dicemus. Sed iam declaro appellationem communissime.
Liberi arbitrii erat, quod Fabricius noluit aurum a Pyrrho
oblatum accipere, aut quod Antigonus noluit aspicere alla-
tum Pyrrhi interfecti caput. Ceterum in sermone Prophetarum et Apostolorum haec vocabula sunt, mens et cor, quae
ambo sumuntur pro intellectu et voluntate vere, non simu-
late aliquid volente, hoc est, complectuntur iudicium et
appetitiones veras, non simulatas, non externum opus tantum. Extant autem longae disputationes de vocabulo liberi
arbitrii, quae ab attentis facile diiudicari possunt. His omis-
sis de re dicemus.

Willensfreiheit

Im Menschen gibt es ein Erkenntnis- und Urteilsvermögen, welches Denken, Verstand oder Vernunft genannt wird. Darin befinden sich die Kenntnisse. Dazu kommt das Begehrungsvermögen, welches Wille genannt wird. Es gehorcht entweder dem Vernunfturteil oder widerstrebt ihm. Dem Willen untersteht das Verlangen der verschiedenen Sinne oder auch die Regungen der Gefühle. Sie haben ihren Sitz im Herzen und gehen von ihm aus. Bisweilen stimmen sie mit dem Willen überein, bisweilen widerstreben sie ihm. Auch die Fähigkeit der äußeren Bewegung ist dem Willen untergeordnet. [...]
Wahlfreiheit wird die Verbindung von Denken und Wollen genannt. Oder man nennt Wahlfreiheit die Fähigkeit des Willens, was in sein Blickfeld kommt, zu wählen und anzustreben oder aber zu verwerfen. Diese Fähigkeit war in der heilen menschlichen Natur (vor dem Fall) weit ausgeprägter. Jetzt ist sie, wie wir aufweisen werden, in vieler Hinsicht behindert. Doch zunächst will ich mich an allgemeinverbreitete Einsichten halten. Es lag an seinem freien Willen, daß Fabricius das Gold, welches ihm Pyrrhus anbot, nicht annehmen oder daß Antigonus den Kopf des toten Pyrrhus, den man ihm herbeibrachte, nicht ansehen wollte. Im Sprachgebrauch der Propheten und Apostel kommen die Wörter ›Geist‹ und ›Herz‹ vor. Beide werden für den Verstand und für den Willen verwendet, der wahrhaft, nicht nur zum Schein etwas will; d. h., sie umfassen das Vernunfturteil und die wahren, nicht nur vorgespielten Wünsche, also nicht nur das äußerliche Tun. Über das Wort ›Willensfreiheit‹ oder auch ›Wahlfreiheit‹ gibt es weitläufige Erörterungen, in denen sich der aufmerksame Leser leicht zurechtfindet. Ich übergehe sie jedoch und komme zur Sache.

Cum enim dubitatur, an voluntas humana sit libera, quo quaeritur in Ecclesia, an et quatenus voluntas humana possit obedire Legi Dei: de hac quaestione iudicari non potest, nisi magnitudo peccati, quod nobiscum nascitur, seu naturalis infirmitas consideretur. Item, nisi sciamus Lege Dei postulari non tantum externa civilia facta, sed perpetuam et perfectam totius naturae humanae obedientiam, iuxta illud: "Diligas Dominum Deum tuum ex toto corde" etc. Nam si natura hominis non esset corrupta peccato, haberet clariorem et firmiorem de Deo notitiam, non dubitaret de voluntate Dei, haberet verum timorem, veram fiduciam, denique praestaret obedientiam integram Legi, hoc est, in natura hominis esset lux firmius statuens de Deo, et essent motus omnes consentientes Legi Dei. Nunc autem natura hominis oppressa morbo originis plena est dubitationum de Deo nec vere timet Deum nec vere confidit ei nec ardet dilectione, et multae flammae sunt vitiosorum affectuum. Cum igitur manifestum sit naturam hominis nequaquam satisfacere Legi Dei, quaeritur, quid et quantum facere voluntas possit.

Primum igitur respondeo: Cum in natura hominis reliquum sit iudicium et delectus quidam rerum, quae sunt subiectae rationi aut sensui, reliquus est etiam delectus externorum operum civilium. Quare voluntas humana potest suis viribus sine renovatione aliquo modo externa Legis opera facere. Haec est libertas voluntatis, quam Philosophi recte tribuunt

An der Freiheit des menschlichen Willens bestehen Zweifel. Deshalb fragt man in der Kirche, ob und wieweit der menschliche Wille dem Gesetz Gottes gehorchen könne. Über diese Frage kann man sich ein Urteil nur bilden, wenn man sich das Ausmaß der Sünde, die mit uns geboren wird, d. h. unsere angeborene Schwäche, vor Augen hält, also nur, wenn wir wissen, daß das Gesetz Gottes nicht nur gute Taten im äußeren Zusammenleben fordert, sondern den beständigen und vollkommenen Gehorsam des ganzen menschlichen Wesens: »Du sollst lieben Gott, deinen Herrn, von ganzem Herzen . . .«[1] Wenn die Natur des Menschen durch die Sünde nicht verdorben wäre, besäße er eine klarere und festere Erkenntnis Gottes, würde am Willen Gottes nicht zweifeln, wäre von wahrer Gottesfurcht und wahrem Gottvertrauen erfüllt und würde endlich dem Gesetz vollkommenen Gehorsam entgegenbringen. D. h.: Im Menschen wären so viel Licht und Gottesgewißheit, daß all seine Regungen mit dem Gesetz Gottes zusammenstimmen würden. Doch ist jetzt das wahre Wesen des Menschen durch die Urkrankheit niedergedrückt und voller Zweifel an Gott. Weder fürchtet er Gott wahrhaft, noch vertraut er ihm in glühender Liebe. Vielmehr erhitzen ihn die Flammen verkehrter Regungen. Da ganz offenbar der vorfindliche Mensch dem Gesetz Gottes nicht genügt, fragt man, was und wieviel dem Willen möglich sei.

Darauf antworte ich zunächst: Da im Menschen Urteils- und Wahlfähigkeit in bezug auf verstandesmäßig und sinnlich Erfaßbares noch vorhanden sind, verbleibt ihm auch die Fähigkeit, sich für ein nach bürgerlichen Maßstäben gutes Verhalten zu entscheiden. Deshalb kann der menschliche Wille aus eigener Kraft ohne Erneuerung (durch Christus) die Forderungen des Gesetzes in einem gewissen Maße äußerlich erfüllen. Das ist die Willensfreiheit, welche die Philosophen dem Menschen mit Recht zuschreiben. Denn

1 5. Mose 6,5.

homini. Nam et Paulus discernens iustitiam carnis a spirituali fatetur non renatos habere delectum aliquem et facere aliqua externa Legis opera, manus a caede, a furto, a raptu continere, et hanc vocat iustitiam carnis.

Immo hanc disciplinam etiam non renatis praecipit Deus et eius violationem tristissimis poenis in hac vita regulariter punit, ut ostendunt supplicia homicidarum et incestorum. Ideo dicitur: "Lex posita est iniustis", id est, ad coercendos non renatos et ad puniendos contumaces. Item: "Lex est paedagogus", id est, coercens et docens, et quidem additur (in Christum), quo praeconio disciplina honorifice ornata est. Etsi enim disciplina non meretur remissionem peccatorum nec est iustitia, qua coram Deo iusti dicimur, tamen res necessaria est, ut de Christo interim doceri possimus. Nec est efficax Spiritus sanctus in contumacibus, qui perseverant in delictis contra conscientiam. Sed de causis, cur necessaria sit disciplina, postea dicemus. Nunc hoc tantum ostendimus ex illis testimoniis, quae loquuntur de iustitia carnis esse aliquem delectum, id est, libertatem in non renatis ad externa Legis opera facienda.

Sed tamen hic sciendum est hanc ipsam libertatem duabus causis valde impediri, videlicet ab infirmitate, quae nobiscum nascitur, et a Diabolo. Nam quia vitiosi affectus in

auch Paulus gibt mit seiner Unterscheidung zwischen
›fleischlicher‹ und ›geistlicher Gerechtigkeit‹ zu, daß auch
die Menschen, die nicht wiedergeboren sind, eine gewisse
Wahlfreiheit haben und das Gesetz äußerlich teilweise erfüllen. Sie können ihre Hand vom Mord, vom Diebstahl und
vom Raub zurückhalten. Das nennt er ›fleischliche Gerechtigkeit‹.
Solche Selbstzucht verlangt Gott auch von denen, die nicht
wiedergeboren sind, und verhängt in der Regel in diesem
Leben einschneidende Strafen, wenn sie verletzt wird. Das
zeigt sich deutlich am Gericht über Mörder und Blutschän-
der. Deshalb heißt es: »Das Gesetz ist für die Ungerechten
aufgestellt«,[2] d. h. zur Zügelung der Nicht-Wiedergebore-
nen und zur Bestrafung der Verhärteten. Auch steht noch
da: »Das Gesetz dient als Erzieher«[3]. Das bedeutet, daß es
in die Schranken weist und lehrt. Es wird sogar hinzugefügt:
»auf Christus hin«. Durch solche Worte wird die Zucht mit
großen Ehren ausgestattet. Obwohl also durch Zucht nicht
Sündenvergebung verdient wird und sie auch nicht die
Gerechtigkeit ist, durch die wir vor Gott gerecht genannt
werden, ist sie doch nötig, um die Lehre von Christus
inzwischen zu ermöglichen. Auch wirkt der Hl. Geist nicht
in den Hartnäckigen, die gegen ihr Gewissen in ihren Vergehen verharren. Doch werden wir die Gründe für die Notwendigkeit der Zucht weiter unten aufzählen. Hier wollen
wir nur aus den Zeugnissen, in denen von ›fleischlicher
Gerechtigkeit‹ die Rede ist aufweisen, daß auch diejenigen,
die nicht wiedergeboren sind, über eine gewisse Entschei-
dungsfreiheit verfügen, so daß sie Forderungen des Gesetzes
äußerlich erfüllen können.
Doch muß man wissen, daß selbst diese Freiheit durch zwei
Faktoren sehr behindert wird, durch die Schwäche nämlich,
die mit uns zur Welt kommt, und den Teufel. Denn die

2 1. Tim. 1,9.
3 Gal. 3,24.

hominibus sunt acres stimuli et magna animorum incendia, homines saepe obediunt illis contra consilium mentis, etiam cum possent se cohibere, si anniterentur, ut Medea inquit: Video meliora proboque, deteriora sequor. Et Paulus inquit Ephes. 2. Diabolum efficacem esse in impiis. Hic quoque disciplinae rectionem in tota vita multipliciter impedit ac impellit multos, ut ruant caeci et furentes in tristissima mala. Sicut de Saule et de Iuda manifeste scribitur: intravit in eum Satanas. Et illi magni furores in cultu idolorum, saevitia Tyrannorum et bellorum civilium, ut cum Xanthii et alii multi suas civitates ipsi accenderunt et sese et coniuges et parvos liberos in ignem coniecerunt, sunt manifesta opera Diaboli. Est ingens igitur imbecillitas generis humani, ut omnium temporum historiae et quotidiana experientia docet, in qua tantum horribilium miseriarum cernitur, ut sapientes Ethnici omnes valde mirati sint, unde tantum sit in hac praestanti natura confusionum et tristissimorum casuum. Sed tamen inter haec impedimenta manet aliquis delectus, aliqua libertas in mediocriter sanis regendi externos mores.

Secundo. Sed in Ecclesia Dei non tantum dicitur de externis moribus, sed de integra Legis impletione in corde. Mens in non renatis plena est dubitationum de Deo, corda sunt sine vero timore Dei, sine vera fiducia et habent impetus ingentes contra Legem Dei. Denique natura humana oppressa est

verkehrten Regungen wirken im Inneren wie spitze Stacheln und heftige Feuerbrände. Die Menschen geben ihnen oft gegen den Rat ihres Verstandes auch dann nach, wenn sie sich mit etwas Anstrengung zügeln könnten. Dies zeigen Medeas Worte: »Durchaus nehme ich das Bessere wahr und billige es; dennoch lasse ich mich auf das Schlimmere ein.«[4] Paulus schreibt im 2. Kapitel seines Briefes an die Epheser, in den Gottlosen sei der Teufel am Werk. In sämtlichen Bereichen behindert er auf vielfältige Weise die Gestaltung des Lebens. Vielen gibt er den Anstoß, sich blindwütig in die bedauerlichsten Übel zu stürzen. So steht von Saul und von Judas ganz klar geschrieben: »Satan drang in ihn ein.« Jene Raserei im Götzendienst oder das Toben der Tyrannen und der Bürgerkriege – man denke an die Xanthier und viele andere, die selbst ihre Städte anzündeten und sich selbst, ihre Frauen und Kinder ins Feuer stürzten – sind offensichtliche Wirkungen des Teufels. Wie die Geschichte aller Zeiten und die tägliche Erfahrung lehren, überschreiten Torheit und Schwäche des Menschengeschlechtes jedes Maß. Es gibt so viel Elend und Schreckliches, daß sich die weisen Heiden immer wieder erstaunt gefragt haben, woher bei diesem hervorragenden Wesen so viele Verwirrungen und bedauerliche Zusammenbrüche kommen. Aber selbst unter all diesen Behinderungen bleibt bei denen, die einigermaßen geraten sind, eine gewisse Entscheidungsfähigkeit, ein gewisses Maß an Freiheit, sich äußerlich zu beherrschen.

Aber in der Kirche Gottes geht es – zweitens – nicht nur um das äußere Verhalten, sondern um die vollkommene Erfüllung des Gesetzes im Herzen. Bei denen, die nicht wiedergeboren sind, ist das Gemüt voller Zweifel an Gott, dem Herzen gehen die wahre Gottesfurcht und das wahre Vertrauen zu Gott ab, und sie drängen machtvoll zu Verstößen gegen das Gesetz Gottes. Endlich ist die menschliche Natur

4 Ovid, *Metamorphosen* VII,20 f.

peccato et morte, nec magnitudo huius mali conspicitur
humano iudicio, sed in verbo Dei revelato. Hic certum est
homines non habere libertatem deponendi hanc pravitatem
nobiscum nascentem aut deponendi mortem. Haec magna et
praecipua generis humani mala intueamur, cum extenuatur
libertas voluntatis. Non potest voluntas exuere nascentem
nobiscum pravitatem nec potest Legi Dei satisfacere, quia
Lex Dei non tantum de externa disciplina et de umbra
operum contionatur, sed postulat integram obedientiam cordis, ut Lex dicit: "Diligas Dominum Deum tuum ex toto
corde tuo et omnibus viribus" etc.

Iudicat et damnat Lex peccatum in natura hominis, non
tollit. Et sicut mortem abiicere non possumus, ita pravitatem
nascentem nobiscum, quae pugnat cum Lege Dei, non possumus exuere. Haec mala agnoscenda sunt, ut e regione
beneficia Christi conspiciantur, qui tollit peccatum et mortem et instaurat naturam humanam. Dixi iam de praecipuis
malis, quae non potest tollere voluntas humana. Eatenus
igitur voluntas est captiva, non libera, scilicet ad tollendam
naturae pravitatem et mortem.

Tertio de actionibus spiritualibus quaeritur. Nam ab initio
mundi viva membra Ecclesiae fuerunt et sunt, quae reguntur
non solum humanis viribus aut humana diligentia, sed in
quibus Spiritus sanctus accendit motus spirituales, agnitio-
nem Dei, timorem, fidem, dilectionem et alias virtutes, in
aliis magis, in aliis minus excitatas. Rident haec Philosophi et

von Sünde und Tod niedergedrückt. Das Ausmaß dieses Übels wird nicht aus menschlichem Urteil, sondern nur aus dem geoffenbarten Wort Gottes deutlich. Dieses bekräftigt, daß der Mensch nicht über die Freiheit verfügt, diese angeborene Verkehrtheit oder die Sterblichkeit abzulegen. Diese großen Hauptübel des Menschengeschlechtes müssen wir uns vor Augen halten, wenn von beträchtlich eingeschränkter Willensfreiheit die Rede ist. Der Wille kann die Verkehrtheit, mit der wir zur Welt kommen, nicht abstreifen. Er kann auch nicht dem Gesetz Gottes Genüge tun, denn dieses handelt nicht nur von äußerer Zucht und schattenhaften Werken, sondern fordert den vollkommenen Gehorsam des Herzens. Das Gesetz mahnt: »Du sollst lieben Gott, deinen Herrn, aus ganzem Herzen und mit allen deinen Kräften . . .«

Das Gesetz richtet und verurteilt die Sünde in der menschlichen Natur, es nimmt sie nicht weg. Wie wir den Tod nicht einfach von uns wegstoßen können, so können wir auch unsere angeborene, dem Gesetz Gottes widerstreitende Verkehrtheit nicht abstreifen. Diese Übel müssen wir erkennen, damit wir der Wohltaten Christi in ihrem ganzen Umfang ansichtig werden: Tod und Sünde nimmt er weg und erneuert das menschliche Wesen. Damit habe ich die Hauptübel, die der menschliche Wille nicht beseitigen kann, genannt. Der menschliche Wille ist also insofern gefangen, nicht frei, als er nämlich die Verkehrtheit unseres Wesens und den Tod nicht beseitigen kann.

Drittens geht es um geistliches Tun. Denn von Anbeginn der Welt hat es gegeben und gibt es noch immer lebendige Glieder der Kirche, die sich nicht nur von menschlichen Kräften und Mühen leiten lassen, sondern von den geistlichen Regungen, die der Hl. Geist in ihnen entzündet, nämlich der Erkenntnis und Furcht Gottes, dem Glauben, der Liebe und den anderen Tugenden, die sich in den einen mehr, in den anderen weniger regen. Darüber machen sich

Pelagiani, sed tamen verissimum est effundi Spiritum sanctum in corda credentium. Sicut in Zacharia dicitur: "Effundam super domum David Spiritum gratiae et precum." Et
sciamus amplissimam consolationem nobis proponi, quae in
tanta nostra imbecillitate semper in conspectu nobis esse
debet.

Ingens et inenarrabile beneficium Dei est, quod promittitur
nobis auxilium Spiritus sancti. Sicut Christus inquit:
"Quanto magis pater vester coelestis dabit Spiritum sanctum
petentibus?" Nisi iuvaremur Spiritu sancto, multo tristiores
lapsus et atrociores confusiones morum acciderent, ut fuerunt et sunt Ethnici et Anabaptistici furores. Haec autem
sententia tenenda et vera est: Voluntas humana non potest
sine Spiritu sancto efficere spirituales effectus, quos Deus
postulat, scilicet verum timorem Dei, veram fiduciam misericordiae Dei, veram dilectionem Dei, tolerantiam et fortitu-
dinem in afflictionibus, in adeunda morte, ut superarunt
mortem ingenti robore Stephanus, Laurentius, Agnes et alii
innumerabiles.

Philosophen und Pelagianer[5] lustig. Dennoch ist es wahr, daß der Hl. Geist in die Herzen der Gläubigen ausgegossen wird. So heißt es bei Sacharia: »Ich werde über das Haus David den Geist der Gnade und des Gebets ausgießen.« Wir dürfen um den großen Trost wissen, der uns da vor Augen gestellt wird. Bei unserer großen Schwachheit müssen wir immer den Blick darauf gerichtet halten.

Es ist die übergroße und unaussprechliche Wohltat Gottes, daß uns der Beistand des Hl. Geistes verheißen wird. So spricht Christus: »Wieviel mehr wird euer himmlischer Vater den Hl. Geist denen geben, die ihn darum bitten?«[6] Wenn uns nicht der Hl. Geist zur Seite stünde, dann würden noch viel bedauerlichere Abstürze und grauenhaftere sittliche Verwirrungen auftreten. Man denke an die gegenwärtige und die frühere Raserei der Heiden und der Wiedertäufer. Der folgende Satz ist festzuhalten und wahr: Ohne den Hl. Geist kann der menschliche Wille die von Gott geforderten geistlichen Wirkungen nicht hervorbringen, nämlich wahre Gottesfurcht, wahres Vertrauen auf die Barmherzigkeit Gottes, wahre Liebe zu Gott, Geduld und Stärke im Leiden, und im Tod. Mit welch ungeheuerer Kraft haben doch Stephanus, Laurentius, Agnes[7] und unzählige andere den Tod überwunden.

5 Pelagius war ein britischer (oder irischer) Mönch, der um 400 nach Rom kam und dem Einfluß Augustins die Lehre entgegenstellte, der Mensch sei auch ohne die Gnade Gottes zu heilsrelevanten religiösen und ethischen Entscheidungen fähig. Diese Betonung der Verantwortung des Menschen schien ihm moralpädagogisch unverzichtbar. Im Laufe harter theologischer Auseinandersetzungen wurde er von mehreren Synoden verurteilt. Nach 418 verlor sich seine Spur im Orient.

6 Lk. 11,13.

7 Stephanus (Apg. 6,8–7,60). – Laurentius erlitt als römischer Diakon während der Valerianischen Verfolgung das Martyrium. Nachdem er auf die Forderung, die Schätze der Kirche herauszugeben, die Armen als die Schätze der Kirche bezeichnet hatte, wurde er auf einem Rost gebraten. – Agnes wird seit dem 4. Jh. verehrt. Sie soll schon als Zwölfjährige Nonne geworden und wenig später enthauptet worden sein, weil sie sich weigerte, dem Namen Christi zu fluchen.

Loci praecipui theologici
(1559)

(II,1,255–258)

Nominis ratio in Scripturis manifesta est peccatum proprie
significare quiddam reum ac damnatum a Deo, nisi fiat
remissio. Haec generalis descriptio convenit peccato originis
et actuali. Sed quia tantum fit mentio relationis, scilicet
reatus, quaerit mens etiam id, propter quod homo reus est.
Ideo hac definitione utor et optarim extare aliquam in Ecclesia, multorum doctorum et piorum iudiciis compositam:
Peccatum est defectus vel inclinatio vel actio pugnans cum
Lege Dei, offendens Deum, damnata a Deo et faciens reos
aeternae irae et aeternarum poenarum, nisi sit facta remissio.
In hac definitione genera sunt defectus et inclinatio, quae
congruunt ad malum originis. Actio comprehendit omnia
actualia interiora et exteriora.

Differentia communis est, pugnans cum Lege Dei. Nam Lex
non tantum concionatur de actionibus, ut dicunt adversarii,
sed etiam damnat tenebras, defectus et pravas inclinationes
in natura hominis, ut Rom. 7. Paulus acerrime contendit.

Deinde addita sunt propria, damnata a Deo, offendens
Deum et faciens reos irae et poenarum etc. Hanc proprie-
tem Ecclesia praecipue inculcat. Nam ratio intelligit vitia
contra Legem Dei esse, sed iram Dei postea negligit. Praecipua igitur haec proprietas consideranda est, quoties nomina-

Sünde

Dem offensichtlichen Sprachgebrauch der Hl. Schrift nach meint ›Sünde‹ im eigentlichen Sinne etwas, was schuldhaft ist und von Gott verdammt wird, wenn keine Vergebung eintritt. Diese allgemeine Beschreibung paßt auf die Ur- und die Tatsünde. Aber da nur eine Beziehung, nämlich die Schuldhaftigkeit, erwähnt wird, ist auch zu fragen, weswegen der Mensch schuldig ist. Deshalb halte ich mich an folgende Begriffsbestimmung, und es wäre mir lieb, wenn es in der Kirche eine solche gäbe, die sich auf das Urteil vieler gelehrter und frommer Christen stützen könnte: Sünde ist ein Mangel, eine Neigung oder eine Handlung, die dem Gesetz Gottes widerstreitet, Gott beleidigt, von ihm verdammt wird und ewigen Zorns und ewiger Strafen schuldig macht, wenn ihr keine Vergebung zuteil wird. In dieser Definition sind Allgemeinbestimmungen ›Mangel‹ und ›Neigung‹. Sie entsprechen dem Urübel (Erbsünde). ›Handlung‹ umfaßt alles innere und äußere Tun.

Das gemeinsame Unterscheidungsmerkmal ist ›dem Gesetz Gottes widerstreitend‹. Denn das Gesetz wird nicht nur, wie die Gegner meinen, im Blick auf Handlungen verkündet, sondern es verurteilt auch die dunklen Seiten, Mängel und verkehrten Neigungen der menschlichen Natur, wie Paulus im siebenten Kapitel seines Briefes an die Römer mit Nachdruck herausstellt.

Als weitere Merkmale sind hinzugefügt ›von Gott verdammt‹, ›Gott beleidigend‹ und ›des Zorns und der Strafen schuldig machend‹ usw. Das letztere Merkmal schärft die Kirche besonders ein. Denn die Vernunft begreift zwar, daß Sünden gegen das Gesetz Gottes verstoßen, aber sie übergeht dann den Zorn Gottes. Wo immer von Sünde die Rede ist, muß deshalb besonders dieses Merkmal ins Auge gefaßt

tur peccatum, ut sciamus intelligi quiddam reum et damnatum a Deo.

Sumpta est autem haec definitio ex his verbis: Maledictus qui
non manet in omnibus, quae scripta sunt in Lege. Peccatum
definit inobedientiam maledictam a Deo. Et intelligatur
inobedientia non tantum actualis, sed universa, quae est in
natura, hominis adversus Deum. Est autem atrox additio,
dici maledictum a Deo, id est, quiddam, quod Deus iratus
reiicit et propter quod creaturam abiicit in horribiles
poenas.

[...]

Si quis imaginatur peccatum originis tantum esse reatum
propter lapsum Adae sine pravitate in nobis, errat. Si quis
autem contendit nascentes esse reos et propter Adae lapsum
et propter pravitatem nobiscum nascentem, non impedio,
quominus addat eam particulam definitioni, quod peccatum
sit tum reatus propter Adae lapsum, tum defectus vel inclinatio vel actio pugnans cum Lege Dei etc. Sed nolo tenuis-
sime omnia limare. Hoc constat propter Adae lapsum posteritati deesse eam lucem, quae fulsit in natura integra, et
rectitudinem voluntatis et cordis, ac propter haec mala nascentes esse reos non dubium est.

Constituta autem definitione peccati in genere, deinde de
speciebus dicatur, de originali et actuali, nec seramus λογο-
μαχίας et cavillationes verborum, sed res necessarias in
Prophetica et Apostolica scriptura et testimoniis certis scriptorum veterum traditas retineamus, quas si alii melius expli-

werden, damit uns klar ist, daß es dabei um etwas Schuldhaftes und von Gott Verdammtes geht.

Diese Begriffsbestimmung ist den folgenden Worten entnommen: »Verflucht ist, der nicht in allem bleibt, was im Gesetz geschrieben ist.«[1] Sünde meint also den von Gott verfluchten Ungehorsam. Darunter wird nicht nur der Ungehorsam als konkrete Tat verstanden, sondern der gesamte, welcher der menschlichen Natur innewohnt und gegen Gott gerichtet ist. ›Von Gott verflucht‹ ist ein grauenhafter Zusatz. Er weist auf etwas, was Gott in seinem Zorn verwirft und dessentwegen er das Geschöpf in schreckliche Qualen stürzt.

[...]

Wenn sich einer vorstellt, die Ursünde sei nur eine Schuld wegen Adams Fall ohne Verkehrtheit in uns selbst, der irrt. Wenn aber jemand behauptet, jeder, der zur Welt kommt, sei sowohl wegen Adams Fall als auch wegen unserer angeborenen Verkehrtheit schuldig, dann habe ich nichts dagegen, der Definition das Teilstück hinzuzufügen, daß die Sünde einmal in der Schuld wegen Adams Fall bestehe, zum anderen in dem Mangel, der Neigung oder dem Handeln, die dem Gesetz Gottes widerstreiten. Aber ich will nicht alles bis ins Feinste ausführen. Fest steht, daß wegen Adams Fall seiner Nachkommenschaft das Licht, das die unversehrte Natur erleuchtete, und die rechte Ordnung des Willens und des Herzens fehlen. Auch kann kein Zweifel bestehen, daß alle die zur Welt kommen, wegen dieser Übel schuldig sind.

Nach dieser allgemeinen Bestimmung der Sünde ist nun die Unterscheidung in Ur- und Tatsünde zu behandeln. Dabei wollen wir uns nicht auf Streit um Worte und Silbenstechereien einlassen, sondern das Notwendige in den prophetischen und apostolischen Schriften sowie den gewissen Zeugnissen der alten Kirchenschriftsteller festhalten. Wenn

1 5. Mose 27,26.

cant, libenter ipsorum sermone utamur. Non enim de verbis pugnamus, sed res necessarias exponimus. Mihi non displicet retineri Anselmi descriptionem.

De peccato originis

Peccatum originis est carentia iustitiae originalis debitae inesse. Sed haec descriptio brevis et obscura indiget longiore enarratione. Necesse est enim quaeri, quid significet iustitia originalis. Ideo addi hanc declarationem necesse est: Iustitia originalis fuit acceptatio humani generis coram Deo et in ipsa natura hominum lux in mente, qua firmiter assentiri verbo Dei poterat, et conversio voluntatis ad Deum et obedientia cordis congruens cum iudicio Legis Dei, quae menti insita erat.

Haec omnia complexam esse iustitiam originis, intelligi potest ex hoc dicto: Homo conditus est ad imaginem et similitudinem Dei, quod interpretatur Paulus ac docet imaginem Dei esse mentem agnoscentem Deum et voluntatem liberam, iustam et congruentem cum Lege Dei, sicut Ephes. 4. dicitur: "Conditus homo in iustitia et sanctitate vera." Veram sanctitatem vocat omnes virtutes, vero corde relatas ad hunc finem, ut Deo obedientia praestaretur, ut Deus diligeretur et celebraretur. Postquam igitur constitutum est,

andere die Sache besser erklären, wollen wir uns gerne an ihren Sprachgebrauch halten. Nicht um Worte geht es uns, sondern um die Darlegung der notwendigen Inhalte. Nicht ungern halte ich mich an die Beschreibung Anselms.[2]

Ursünde

Die Ursünde besteht in dem Fehlen der ursprünglichen Gerechtigkeit, die dem Menschen innewohnen muß. Diese kurze und unklare Beschreibung bedarf einer längeren Erläuterung. Zunächst ist zu fragen, was ›ursprüngliche Gerechtigkeit‹ bedeutet. Deshalb muß folgende Erklärung hinzugefügt werden: Die Urgerechtigkeit bestand darin, daß das Menschengeschlecht vor Gott anerkannt und bejaht war. Im Wesen des Menschen selbst war sie eine geistige Erleuchtung, die ihn befähigte, dem Wort Gottes zuzustimmen, eine Hinwendung des Willens zu Gott und ein Gehorsam im Einklang mit dem Urteil des göttlichen Gesetzes, die seiner geistigen Anlage eingepflanzt waren.

Daß die Urgerechtigkeit all das umfaßte, wird aus folgendem Wort verständlich: »Der Mensch ist nach Bild und Ähnlichkeit Gottes geschaffen.«[3] Als Auslegung dieses Satzes lehrt Paulus, das Bild Gottes bestehe in einem Denken, das Gott erkennt, und einem freien und gerechten Willen, der mit dem Gesetz Gottes übereinstimmt. So sagt er im vierten Kapitel seines Briefes an die Epheser: »Der Mensch ist in Gerechtigkeit und wahrer Heiligkeit geschaffen.« Mit »wahrer Heiligkeit« meint er alle Tugenden, die sich in einem wahrhaftigen Herzen auf das Ziel beziehen, Gott zu gehorchen, ihn zu lieben und zu verherrlichen. Nachdem

---

2 Anselm (1033–1109) stammte aus der Lombardei und wurde 1093 Erzbischof von Canterbury. Er gilt als einer der bedeutendsten Frühscholastiker. Besonderen Einfluß erlangten sein »ontologischer Gottesbeweis« und seine Satisfaktionstheorie, die er besonders in der Schrift *Cur Deus Homo?* entwickelte.

3 1. Mose 1,27.

quid significet iustitia originalis, deinde opposita privatio utcunque declarari potest.

Peccatum originis est carentia iustitiae originalis, id est, est in natis ex virili semine amissio lucis in mente et aversio voluntatis a Deo et contumacia cordis, ne possint vere obedire Legi Dei, secuta lapsum Adae, propter quam corruptionem nati sunt rei et filii irae, id est, damnati a Deo, nisi fuerit facta remissio. Si quis vult addere natos etiam propter lapsum Adae reos esse, non impedio. Revera autem perpetua Ecclesiae sententia est, Prophetarum, Apostolorum et scriptorum veterum peccatum originis non tantum esse imputationem, sed in ipsa hominum natura caliginem et pravitatem, ut dixi.

nun klargestellt ist, was ›Urgerechtigkeit‹ bedeutet, können wir uns der Klärung des Gegenbegriffs, ihres Fehlens, zuwenden.

Die Ursünde ist das Fehlen der Urgerechtigkeit, also bei allen, die aus männlichem Samen entstanden sind, der Verlust der geistigen Erleuchtung, die Abwendung des Willens von Gott und die Erstarrung des Herzens, so daß sie dem Gesetz Gottes nicht wahrhaft gehorchen können. Das sind Folgen von Adams Fall. Wegen dieser Verderbnis kommen sie als Schuldige und Söhne des Zorns zur Welt; d. h., daß sie, wird ihnen keine Vergebung zuteil, von Gott verdammt sind. Wenn jemand hinzufügen will, alle, die geboren seien, seien auch wegen Adams Fall schuldig, so hindere ich ihn daran nicht. Denn in der Tat ist es das durchgängige Urteil der Kirche, der Propheten, der Apostel und der Kirchenväter, daß die Ursünde nicht in einer bloßen Anrechnung (der Schuld Adams) bestehe, sondern in einer Dunkelheit und Verkehrtheit in der menschlichen Natur.

Loci praecipui theologici
(1559)

(II/2,360–363)

Quare cum [Paulus] dicit, Iustificamur fide, vult te intueri
Filium Dei sedentem ad dextram Patris, Mediatorem inter-
pellantem pro nobis, et statuere, quod tibi remittantur peccata, quod iustus, id est, acceptus reputeris seu pronuntieris
propter illum ipsum Filium, qui fuit victima. Ut igitur
vocabulum fides monstret illum Mediatorem et nobis appli-
cet, significat fides non tantum historiae notitiam, sed fiduciam misericordiae promissae propter Filium Dei. Estque
semper haec propositio correlative intelligenda: Fide sumus
iusti, id est, fiducia misericordiae propter Christum sumus
accepti, non propter nostras virtutes. Nam haec misericordia
fide seu fiducia apprehenditur. Hoc agit Paulus, ut illum
Mediatorem et agnum nobis proponat et gloriam iustitiae
nobis detrahat et testetur propter hunc Propitiatorem nos
recipi. Hanc esse mentem Pauli nihil dubium est, et sententiam ipsam esse veracem et certam in Ecclesia manifestissi-
mum est. Fatentur enim omnes sancti se, etiam cum habent
novas virtutes, tamen non propter has accipere remissionem
peccatorum et reconciliationem, sed propter Filium Dei
Propitiatorem. Ideo necesse est sic intelligi hoc dictum: Fide
habemus remissionem, id est, hac fiducia, quod propter
Filium Dei recipiamur.

Glaube

Wenn [Paulus] sagt: »Wir werden durch den Glauben gerechtfertigt«[1], dann will er, daß du auf den Sohn Gottes schaust, der zur Rechten des Vaters sitzt, den Mittler, der für uns eintritt, und daß du für dich feststehen läßt, deine Sünden würden dir vergeben, du würdest um des Sohnes willen, der das Opfer war, als gerecht, d. h. angenommen erachtet oder erklärt. Damit nun das Wort ›Glaube‹ auf jenen Mittler weise und ihn uns zueigne, bedeutet ›Glaube‹ nicht nur geschichtliche Kenntnis, sondern Vertrauen auf die um des Sohnes Gottes willen verheißene Barmherzigkeit. Immer ist diese Aussage im Sinne einer Wechselbeziehung zu verstehen: Wir sind durch den Glauben gerecht, d. h., durch das Vertrauen auf die Barmherzigkeit, die uns um Christi willen erwiesen wird, sind wir Angenommene, nicht wegen unserer guten Eigenschaften. Denn diese Barmherzigkeit wird durch den Glauben oder das Vertrauen ergriffen. Es geht Paulus darum, uns jenen Mittler, jenes Lamm vor Augen zu stellen, uns den Ruhm eigener Gerechtigkeit zu entziehen und uns zu bezeugen, daß wir um dieses Versöhners willen angenommen werden. Ohne Zweifel ist dies die Auffassung des Paulus; und ganz offensichtlich ist dieser Satz wahr und in der Kirche gewiß. Denn alle Heiligen bekennen, sie erlangten, auch wenn sie neue gute Eigenschaften haben, nicht wegen dieser die Vergebung der Sünden und die Versöhnung, sondern um des versöhnenden Sohnes Gottes willen. Deshalb ist das Wort: »Durch den Glauben haben wir die Vergebung« so zu verstehen: »Durch dieses Vertrauen, daß wir um des Sohnes Gottes willen angenommen werden«.

1 Röm. 3,28.

Qui vero reclamant huic enarrationi, his haec oratio prorsus
inanis sonitus est et nihil significans, "Iustificati fide pacem
habemus". Deinde nec intelligunt ipsi, quale sit certamen
conscientiae luctantis cum pavoribus et dubitatione, cum
angitur de remissione peccatorum, nec norunt pavores, qui
in vera poenitentia existunt. Hos si considerarent, scirent
mentes perterrefactas quaerere consolationem extra sese et
hanc consolationem esse fiduciam, qua voluntas acquiescit in
promissione misericordiae propter Mediatorem donatae.
Complectitur autem fiducia misericordiae et notitiam historiae, quia fides intuetur Christum, quem agnosci necesse est
esse Filium aeterni Dei, pro nobis crucifixum, resuscitatum
etc. Estque referenda historia ad promissionem seu effec-
tum, qui in hoc articulo proponitur, videlicet, Credo remissionem peccatorum. Ac rursus hic ipse articulus monet, ut
fides intelligatur fiducia. Nam illi, qui non confidit sibi
remitti peccata, haec verba, Credo remissionem peccatorum,
frustra dicuntur.
[...]
Et vera est haec definitio fidei: Fides est assentiri universo
verbo Dei nobis proposito adeoque et promissioni gratuitae
reconciliationis donatae propter Christum Mediatorem estque fiducia misericordiae Dei promissae propter Christum
Mediatorem. Nam fiducia est motus in voluntate necessario
respondens assensioni, seu quo voluntas in Christo acquiescit, quod cum fit, accenditur Spiritu sancto et nova luce, ut
postea dicam.

Für diejenigen aber, die dieser Auslegung widersprechen, ist dieses Wort ein leerer, nichtssagender Schall: »Als durch den Glauben Gerechtfertigte haben wir Frieden«.[2] Auch verstehen sie weder, in welche Kämpfe das Gewissen mit Schrecknissen und Zweifeln verwickelt ist, wenn es sich um die Vergebung der Sünden ängstigt, noch kennen sie die Schrecknisse, die sich in der wahren Buße erheben. Wenn sie darauf achteten, wüßten sie, daß das erschrockene Bewußtsein außerhalb seiner Trost sucht und daß dieser Trost in dem Vertrauen besteht, das den Willen in der Verheißung der um des Mittlers willen geschenkten Barmherzigkeit Ruhe finden läßt. Das Vertrauen auf die Barmherzigkeit umfaßt auch die geschichtliche Kenntnis. Denn der Glaube schaut auf Christus, der als für uns gekreuzigter und auferstandener Sohn des ewigen Gottes erkannt werden muß. Die geschichtlichen Berichte sind auf die Verheißung oder auch die Wirkung zu beziehen, die uns der Satz: »Ich glaube an die Vergebung der Sünden« darbietet. Wiederum mahnt uns dieser Satz, den ›Glauben‹ als ›Vertrauen‹ zu verstehen. Denn zu dem, der nicht darauf vertraut, seine Sünden würden ihm vergeben, werden die Worte: »Ich glaube an die Vergebung der Sünden« vergeblich gesprochen.

[...]

›Glaube‹ ist also zutreffend so zu bestimmen: Glauben heißt dem gesamten uns verkündigten Worte Gottes, also auch der Verheißung, die Versöhnung werde uns um des Mittlers Christus willen umsonst geschenkt, zustimmen. Er besteht in dem Vertrauen auf die Barmherzigkeit Gottes, die um des Mittlers Christus willen verheißen wird. Denn das Vertrauen ist eine Willensregung, die der Zustimmung mit Notwendigkeit entspricht oder mit der sich der Wille auf Christus einläßt. Indem dies geschieht, flammt er im Hl. Geist und im neuen Lichte auf, wie ich im folgenden zeigen werde.

2 Röm. 5,1.

Loci praecipui theologici
(1559)

(II/2,390–391)

Non indulgendum est ignaviae humanae, sed saepe dixi externos mores humana diligentia et humanis viribus utcunque regi posse et Deum postulare hanc diligentiam, ut scriptum est: "Lex est iniustis posita."

Item: "Ne contristetis Spiritum sanctum." Sed interior obedientia non potest inchoari sine agnitione Evangelii et sine Spiritu sancto. Primum enim dilectio Dei existere non potest nisi prius audita voce Evangelii de remissione. Mens ignara reconciliationis aut contemnit Deum aut fugit iratum. Ideo non potest inchoari dilectio nisi prius audita voce Evangelii de reconciliatione. Haec manifestissima sunt. Ut igitur dilectio oriatur, necesse est praecedere fidem, hoc est, fiduciam misericordiae, de qua diximus. Iam et hoc sciendum est, cum fide eriguntur perterrefactae mentes, simul datur Spiritus sanctus, qui excitat novos motus in corde congruentes Legi Dei. Et sic dari Spiritum sanctum, clare docet Paulus Gal. 3.: "Ut promissionem Spiritus accipiamus per fidem", et hanc ipsam condonationem et praecipuos effectus Spiritus sancti dulcissimis verbis describit Zacharias cap. 12.: "Effundam super domum David Spiritum gratiae et precum." Vocat Spiritum gratiae, eo quod testificatur in cordibus nostris, quod Deus sit nobis propitius, cum videlicet movet corda, ut promissioni assentiamur et statuamus nos a

Gute Werke

Der Mensch soll seiner Trägheit nicht nachgeben. Oft habe ich darauf hingewiesen, daß er sein äußeres Verhalten durch den Einsatz seiner Kräfte in einem gewissen Maße beherrschen könne und daß Gott diesen Einsatz fordere, wie auch geschrieben steht: »Das Gesetz ist für die Ungerechten aufgestellt.«

Außerdem heißt es: »Betrübt nicht den Hl. Geist.« Doch kann der innere Gehorsam nicht ohne die Erkenntnis des Evangeliums und ohne den Hl. Geist anfangen. Denn einmal kann die Liebe zu Gott erst entstehen, nachdem das Wort des Evangeliums vernommen worden ist. Denn ein Bewußtsein, das um die Versöhnung nicht weiß, verachtet Gott entweder oder flieht vor seinem Zorn. Deshalb kann die Liebe erst ihren Anfang nehmen, nachdem das Wort des Evangeliums über die Versöhnung vernommen worden ist. Das ist alles ganz offensichtlich. Damit Liebe entstehen kann, muß Glaube vorangehen, d. h. das Vertrauen auf die Barmherzigkeit, von dem wir gesprochen haben. Man muß wissen: Wenn die erschrockenen Gewissen durch den Glauben aufgerichtet werden, wird gleichzeitig der Hl. Geist gegeben, der im Herzen neue, dem göttlichen Gesetz entsprechende Regungen erweckt. Von dieser Gabe des Hl. Geistes lehrt Paulus ganz klar im dritten Kapitel seines Briefes an die Galater: »Damit wir durch den Glauben die Verheißung des Geistes empfangen«. Diese Gabe und die wichtigsten Wirkungen des Hl. Geistes beschreibt Sacharja im zwölften Kapitel mit den schönen Worten: »Ich will auf das Haus David den Geist der Gnade und des Gebetes ausgießen.« Er spricht vom »Geist der Gnade«, weil in unserem Herzen bezeugt wird, daß uns Gott wohlgesonnen sei, wenn er unsere Herzen bewegt, seiner Verheißung

Deo recipi. Deinde cum agnovimus misericordiam Dei,
invocamus, diligimus et subiicimus nos ei. Nominat igitur
postea Spiritum precum. Complexus est igitur praecipuos
cultus, qui sunt fontes universae obedientiae, fidem et invo-
cationem. Sumamus autem ex hoc dicto et doctrinam et
adhortationem. Meminerimus in hoc ipso dicto nobis prae-
cipi, ut hos cultus praestemus, ut credamus Deo et invoce-
mus eum.

zuzustimmen und für uns gelten zu lassen, wir würden von ihm angenommen. Wenn wir – weiterhin – die Barmherzigkeit Gottes erkannt haben, rufen wir ihn an, lieben ihn und ordnen uns ihm unter. Deshalb spricht Sacharja danach auch vom »Geist des Gebets«. So umfaßt er die wichtigsten Formen der Gottesverehrung, aus denen sich der ganze Gehorsam herleitet, nämlich den Glauben und die Anrufung. So wollen wir uns von diesem Wort belehren und ermahnen lassen. Wir wollen daran denken, daß uns in diesem Wort geboten wird, Gott in der Weise zu verehren, daß wir ihm glauben und ihn anrufen.

Loci praecipui theologici
(1559)

(II/2,764–772)

Distribuo autem usitate docendi causa libertatem Evangelicam in quatuor gradus.

Primus est: Ut summa mala sunt peccatum et ira Dei, ita necesse est primum dici de hoc gradu, quomodo ab his malis liberemur. Est ergo primus gradus libertatis, quod gratis propter Filium Dei donantur nobis remissio peccatorum, reconciliatio, iustificatio seu imputatio iustitiae et acceptatio ad vitam aeternam et haereditas vitae aeternae.

Haec est libertas, quod propter Christum gratis haec tanta bona certo donantur. Vult nos Deus certo statuere et credere nos agentes poenitentiam recipi in gratiam, exaudiri et salvari propter Filium gratis, etiamsi Lex et nostra ratio nos accusant ac deterrent, ne haec bona accipiamus. Sumus igitur liberati a peccato, ab ira Dei, ab aeterna damnatione, a Lege accusante nos et a condicione meriti. Et alia res proposita et donata est, propter quam accipimus remissionem peccatorum et iusti, id est, accepti a Deo pronuntiamur, scilicet Filius Dei Mediator, non Lex aut merita nostra, ac reconciliati reputantur iusti, id est, accepti a Deo ad vitam aeternam, etiamsi procul absunt a perfectione Legis, sed propter Christum fide. O ingens beneficium, quod quamquam adhuc haerent in reconciliatis reliquiae peccati, quamquam magna mole sordium premimur, tamen placemus certo

Freiheit des Christen

Gewöhnlich verteile ich zu Lehrzwecken die evangelische Freiheit auf vier Stufen.

Erste Stufe: Da Sünde und Zorn Gottes die größten Übel sind, muß zunächst über diese Stufe gesprochen werden, die Befreiung von diesen Übeln. Die erste Stufe der Freiheit besteht darin, daß uns um des Sohnes Gottes willen umsonst Vergebung der Sünden, Versöhnung, Rechtfertigung oder Anrechnung der Gerechtigkeit (Christi), Annahme zum ewigen Leben und das Erbe des ewigen Lebens geschenkt werden.

Das ist die Freiheit, daß uns mit Gewißheit um Christi willen all diese Güter umsonst geschenkt werden. Nach dem Willen Gottes sollen wir ganz und gar feststehen lassen und glauben, daß wir, indem wir Buße tun, um des Sohnes willen umsonst in die Gnade aufgenommen, erhört und gerettet werden, obwohl uns das Gesetz und unsere eigene Vernunft anklagen und davon abschrecken, diese Güter anzunehmen. Wir sind also von der Sünde befreit, vom Zorn Gottes, von der ewigen Verdammnis, von der Anklage des Gesetzes und von der Vorbedingung verdienstlicher Leistungen. Etwas anderes wird uns vor Augen gestellt und geschenkt, dessentwegen wir Vergebung der Sünden erlangen und für gerecht, d. h. Gott angenehm, erklärt werden, nämlich der Sohn Gottes, der Mittler, im Gegensatz zum Gesetz und unseren verdienstlichen Leistungen. Die Versöhnten werden als Gerechte, d. h. als von Gott zum ewigen Leben Angenommene erachtet. Dies geschieht um Christi willen durch den Glauben, obwohl sie weit von der Vollkommenheit des Gesetzes entfernt sind. Welch eine unermeßliche Wohltat! Obwohl den Versöhnten die Sündenreste noch anhaften, obwohl große Schmutzmassen auf uns

propter Christum, ac si prorsus Legi satisfaceremus. De hoc
gradu libertatis contionatur Paulus, cum ait: "Christus nos
redemit a maledictione Legis, factus pro nobis maledictum."
Breve dictum est, sed longe omnium Angelorum et
hominum sapientiam superans, quia vera, ingens et ineffabi-
lis ira adversus peccatum significatur, cum Filius, in quem
derivata est ira, vocatur maledictum. Hic factus est pro nobis
λύτρον et victima. De hoc beneficio et hac liberatione
semper et in omni invocatione cogitandum est et fide statuendum, quod propter Dominum nostrum Iesum Christum
vere nostra peccata remittantur, tecta et sepulta sint, et quod
vere velit nos propter Mediatorem recipere, exaudire, sal-
vare. In his exercitiis invocationis quotidie crescet intellectus
huius libertatis, de qua in hoc primo gradu dicitur, qui
doctrinam de iustificatione, quae supra copiosius recitata
est, continet.
Secundus gradus est donatio Spiritus sancti, qui novam
lucem in mente et novos motus in voluntate et corde accendit, gubernat nos et inchoat in nobis vitam aeternam. [...]
Adhuc subiecti sumus cruci et morti corporis, exercemur
ingentibus calamitatibus, haerent adhuc in nobis sordes et
multum caliginis, et oppugnamur a Diabolo, qui interdum
implicat nos malis inextricabilibus. Et nemo tam cautus, tam
diligens est, ut non aliquando in deliberationibus erret.
Denique regere ipsi difficillimum et periculosissimum vitae
cursum et vocationum negotia sola humana diligentia non

lasten, gefallen wir doch um Christi willen Gott ganz gewiß so, als ob wir dem Gesetz Genüge täten. Von dieser Stufe der Freiheit kündet Paulus, wenn er sagt: »Christus hat uns vom Fluch des Gesetzes erlöst, indem er selbst für uns zum Fluch geworden ist.« Das ist ein kurzer Ausspruch. Doch übertrifft er bei weitem die Weisheit aller Engel und Menschen, weil er auf den wahren, ungeheueren und unaussprechlichen Zorn (Gottes) gegen die Sünde weist, indem der Sohn, auf den der Zorn abgeleitet wurde, als »Fluch« bezeichnet wird. Dieser ist für uns zum λύτρον (Lösegeld) und Opfer geworden. An diese Wohltat und diese Befreiung müssen wir immer denken, wenn wir Gott anrufen, und im Glauben soll uns feststehen, daß uns um unseres Herrn Jesu Christi willen unsere Sünden wahrhaft vergeben werden, daß sie bedeckt und begraben sind und daß er uns um des Mittlers willen wirklich annehmen, erhören und retten will. Indem wir uns in solcher Anrufung üben, wächst von Tag zu Tag das Verstehen dieser Freiheit, von der auf der ersten Stufe die Rede ist. Auf ihr gründet die Lehre von der Rechtfertigung, die oben ausführlich abgehandelt worden ist.

Auf die zweite Stufe gehört die Gabe des Hl. Geistes, der im Denken ein neues Licht entzündet und im Willen neue Regungen erweckt, uns leitet und in uns das ewige Leben anfängt. [. . .]

Wir sind noch dem Kreuz und dem körperlichen Tod unterworfen und ungeheueren Bedrängnissen ausgesetzt. An uns haftet noch mancherlei Schmutz, in uns sieht es noch in vieler Hinsicht finster aus. Noch setzt uns der Teufel zu und verwickelt uns in mancherlei Übel, aus denen wir uns nicht herauswinden können. Auch ist niemand so vorsichtig und sorgfältig, daß er nicht doch manchmal bei seinen Überlegungen auf Abwege käme. Endlich können wir mit bloßer menschlicher Sorgfalt in den Schwierigkeiten und Gefahren des Lebens und den Angelegenheiten unseres Berufes kaum den rechten Kurs halten. Schon Jeremia sagt: »Herr, ich

possumus, ut inquit Ieremias: "Scio, Domine, quod non est
hominis via eius."

Quamquam igitur in tristi carcere adhuc inclusi videmur,
tamen sumus liberi, primum quia certum est nos propter
Christum habere Deum propitium et defensorem, ut docet
primus gradus libertatis, deinde quia adiuvamur et guberna-
mur a Spiritu sancto. David inextricabili malo conflictatur,
cum pulsus regno exulat, sed tamen hac se certa consolatione
sustentat, quod a Deo non sit abiectus, meminit vocem
Nathan: "Abstulit Dominus peccatum tuum." Deinde petit
auxilium et gubernationem Spiritus sancti et experitur se a
Deo iuvari. At Themistocles Graecia expulsus nullam harum
consolationum novit, sed tantisper dum habet receptum et
humana praesidia, fert exilium tranquilliore animo.

Didicerunt secundum gradum libertatis omnes sancti in
periculis, cum experti sunt se iuvari et confirmari a Deo,
sicut Stephanus in confessione et agone mortis, Laurentius et
alii multi in confessione.

Quare et nos nostram infirmitatem et pericula considerantes
de hoc gradu cogitemus, petamus auxilium et gubernationem Spiritus sancti, sicut praecipit Christus inquiens:
"Petite et accipietis." Item: "Venite ad me omnes, qui
laboratis et onerati estis, et ego reficiam vos." Cum invoca-
bimus, sine ulla dubitatione sentiemus nos iuvari, regi consilio, gubernari exitus, depelli pericula et mitigari aerumnas.

Haec invocationis exercitia erudient nos de hoc secundo
gradu libertatis. Iam quanta beneficia Dei sint hi duo gradus,
secum quisque cogitet. Sunt enim liberationes ex summis

weiß, daß der Weg des Menschen nicht in seiner Macht liegt.«[1]

Obwohl wir also noch in einem traurigen Kerker eingeschlossen scheinen, sind wir doch frei. Denn – erstens – steht fest, daß wir Gott um Christi willen als wohlgesonnenen Beschützer haben, wie auf der ersten Freiheitsstufe gelehrt wird, und – zweitens – werden wir vom Hl. Geist unterstützt und geleitet. Aus dem Lande in die Fremde vertrieben, ringt David mit unüberwindlichen Übeln. Dennoch hält er sich durch den gewissen Trost aufrecht, von Gott nicht verworfen zu sein, und erinnert sich an das Wort Nathans: »Der Herr hat deine Sünde weggenommen.« Dann bittet er um den Beistand und die Leitung des Hl. Geistes und erfährt die Hilfe Gottes. Themistokles weiß jedoch bei seiner Vertreibung aus Griechenland um keinen solchen Trost. Nur solange er bei Menschen Aufnahme und Schutz findet, erträgt er ruhigen Sinnes die Verbannung.

Den zweiten Grad der Freiheit lernten in der Gefahr alle Heiligen, als sie die Hilfe und Stärkung Gottes erfuhren, so etwa Stephanus bei seinem Bekenntnis und in seinem Todeskampf oder Laurentius und viele andere im Martyrium.

Deshalb wollen auch wir im Blick auf unsere Schwäche und unsere Gefährdungen diese Stufe bedenken und den Beistand und die Leitung des Hl. Geistes erbitten nach dem Gebot Christi: »Bittet und ihr werdet empfangen.«[2] »Kommt zu mir alle, die ihr mühselig und beladen seid; ich will euch erquicken.« Beim Gebet werden wir ohne Zweifel spüren, wie uns Hilfe zuteil wird, wie wir durch gute Ratschlüsse geleitet und zum Ziel geführt werden, wie Gefahren abgewehrt und Belastungen gemildert werden.

Diese ständige Übung des Gebets läßt uns diese zweite Freiheitsstufe begreifen. Jeder möge bei sich bedenken, welch große Wohltaten Gottes bereits die ersten beiden Stufen darstellen. Handelt es sich doch um die Befreiung aus

1 Jer. 10,23.
2 Joh. 16,24.

malis, a peccato, ab ira Dei, a morte aeterna, donatio
iustitiae et vitae aeternae, defensio adversus Diabolum,
gubernatio in omnibus negotiis et periculis, regente corda
Spiritu sancto et accendente in nobis cogitationem verbi Dei,
denique praesentia aeterni Dei nos iam complectentis propter Filium suum, Dominum nostrum Iesum Christum. His
bonis nihil est melius aut maius.

Itaque libertas parta sanguine Christi, quam offert Evangelium, ingens et immensum bonum est, nec est inane nomen
aut Stoica imaginatio, ut homines impii iudicant.

Nec difficile est sanis mentibus et piis videre discrimen inter
hanc liberationem a peccato et ira Dei et politicam libertatem
seu liberationem a tributis. De hac externa politica tranquil-
litate vel servitute in his duobus gradibus nihil dicitur. Habet
hos gradus libertatis animae Ioseph, quamvis servus et
coniectus in carcerem. Habet eos Daniel sedens inter leones,
Laurentius iacens in craticula. Nam politica libertas aut
servitus nihilo magis ad hos duos gradus pertinet quam
robur corporis aut imbecillitas, ut Gal. 3. dicitur: "Omnes
filii Dei estis per fidem in Christum Iesum. Non est Iudaeus
nec Graecus nec servus nec liber." Sed facile est piis haec
intelligere: alia animae bona sunt, aliae res sunt corporum
discrimina.

Tertius gradus tandem de externa et politica vita traditur,
videlicet, Christianos non esse alligatos ad politiam Mosi aut
ullam certam unius gentis politiam, sed singulis locis parere

den größten Übeln, von der Sünde, vom Zorn Gottes, vom ewigen Tod, und um das Geschenk der Gerechtigkeit und des ewigen Lebens, den Schutz gegen den Teufel, die gnädige Führung in allen Angelegenheiten und Gefährdungen, wobei der Hl. Geist die Herzen leitet und uns zum Bedenken des Wortes Gottes anfeuert, endlich um die Gegenwart des ewigen Gottes, der uns um seines Sohnes, unseres Herrn Jesu Christi willen schon jetzt umfaßt. Es gibt nichts Besseres und Größeres als diese Güter.

Deshalb ist die durch das Blut Christi bewirkte Freiheit, die uns das Evangelium anbietet, ein übergroßes und unermeßliches Gut und keineswegs nur ein leeres Wort oder eine stoische Einbildung, wie gottlose Menschen meinen.

Dem, der klaren und frommen Sinnes ist, wird es auch nicht schwerfallen, den Unterschied zwischen dieser Befreiung von der Sünde und dem Zorn Gottes und der politischen Freiheit oder auch Befreiung von Steuern und Abgaben einzusehen. Von äußeren politischen Zuständen, seien sie eher durch Annehmlichkeit oder eher durch Unfreiheit gekennzeichnet, ist auf den ersten beiden Stufen nicht die Rede. Diese beiden Grade seelischer Freiheit hat auch Joseph,[3] mag er auch ein Sklave sein und im Kerker sitzen. Sie kommen auch Daniel im Löwenkäfig[4] und Laurentius auf dem Rost zu. Denn politische Freiheit oder Unfreiheit hat mit diesen beiden Stufen nicht mehr zu tun als körperliche Stärke oder Schwäche. Im dritten Kapitel des Galaterbriefes heißt es: »Durch den Glauben an Christus Jesus seid ihr alle Söhne Gottes. Hier ist weder Jude, noch Grieche, weder Sklave, noch Freier.« Gläubige Menschen verstehen das leicht: Güter der Seele und leibliche Zustände sind ganz verschiedene Dinge.

Auf der dritten Stufe endlich geht es um das äußere und politische Leben. Die Christen sind nicht an die sozialpolitische Ordnung des Mose oder die eines anderen Volkes

3 1. Mose 39,20.
4 Dan. 6,17.

Magistratibus et Legibus praesentibus debemus, si modo
Leges sint consentaneae iuri naturae nec praecipiant aliquid
fieri contra mandata Dei. Ut aliis dierum et noctium spatiis
utimur in aliis regionibus, ita licet uti aliis Magistratuum,
imperiorum et Legum formis, modo ut Leges, sicut dixi,
nihil praecipiant fieri contra mandata Dei.
[...]
Sicut Athenis tabulae Solonis aut Romae decemvirales
mutata Republica interierunt, sic ceremoniae et forenses
Leges Mosi promulgatae, ut certo tempore durarent et deleta
politia Mosaica neminem obligarent, nunc extinctae sunt.
Supra autem in discrimine veteris et novi Testamenti dictum
est, cur constituta sit illa politia.
Sed de Lege morali difficilior est responsio, quam explicant
Christus et Apostoli et non intelligunt homines profani et
sine poenitentia viventes. Nam Lex moralis non est Lex
mutabilis ut ceremoniae aut tabulae decemvirales, sed Lex
moralis est aeterna et immutabilis regula in mente divina,
praecipiens facienda et prohibens ac puniens non facienda.
Ut haec propositio aeterna et immutabilis est: Deus est
sapiens, bonus, iustus, sic hae propositiones aeternae et
immutabiles sunt: Deus iudicat iustum esse, se conditorem a
creatura rationali diligi et anteferri omnibus rebus, Deus

gebunden. Vielmehr sollen wir jeweils an unserem Ort der Obrigkeit und den gegebenen Gesetzen gehorchen, soweit sie mit dem Naturrecht übereinstimmen und nichts gegen die Gebote Gottes vorschreiben. Wie wir uns in verschiedenen Ländern an unterschiedliche Zeiteinteilungen halten, so können wir auch in unterschiedlichen staatlichen und gesetzlichen Ordnungen leben. Die einzige Voraussetzung ist dabei, wie ich schon gesagt habe, daß sie nicht zu Verstößen gegen die Gebote Gottes verpflichten.

[...]

Wie zu Athen die Gesetzestafeln Solons oder zu Rom die der Decemviri[5] unter veränderten staatlichen Verhältnissen ihre Geltung verloren, so sind auch jetzt die Zeremonial- und Gerichtsgesetze des Mose, die nur für eine bestimmte Zeit gegeben wurden und nach der Zerstörung des mosaischen Gemeinwesens niemanden verpflichten sollten, außer Kraft. Weiter oben haben wir bei der Unterscheidung zwischen Altem und Neuem Testament die Gründe für die Errichtung jenes Gemeinwesens dargelegt.

Schwieriger ist die Antwort auf die Frage nach der Geltung des Moralgesetzes. Sie wird von Christus und den Aposteln entfaltet, aber von gottlosen und unbußfertigen Menschen nicht verstanden. Denn das Moralgesetz ist kein veränderliches Gesetz wie Zeremonialvorschriften oder die Gesetzestafeln der Decemviri, sondern es ist eine ewige und unveränderliche Richtschnur im Bewußtsein Gottes. Sie gebietet, was getan werden soll; sie verbietet und stellt unter Strafe, was nicht getan werden darf.

Die folgende Aussage ist ewig und unveränderlich: Gott ist weise, gut und gerecht. Ähnlich ewig und unveränderlich sind auch die weiteren Aussagen: Gott erachtet es als gerecht, daß er als Schöpfer von dem vernunftbegabten Geschöpf geliebt und allem anderen vorangestellt wird. Gott

5 Solon (640–560), athenischer Dichter und Gesetzgeber. Die »zehn Männer« wurden vom römischen Volk 451 v. Chr. zur Kodifizierung des Rechts gewählt.

iudicat vagas hominum libidines malas esse, Deus approbat
obedientiam, quam postulat, Deus irascitur contumaciae.

Et huius Legis sententia transfusa est in creaturas rationales
nec potest illis manentibus aboleri, sicut notitia numerorum
aboleri non potest.

Manet igitur semper haec regula, scilicet Lex moralis, et
manet semper ordo divinae mentis, ut creatura obediat.
Obligat autem omnis Lex ad obedientiam vel ad poenam.

Cum igitur homines non praestiterint obedientiam, necesse
fuit aut ipsos in poena interire aut alium persolvere poenam
seu λύτρα. Itaque mirando et inenarrabili consilio solvit
λύτρα Filius Dei pro nobis intercedens et derivavit in sese
iram, quam nos sustinere oportuit. Quare non sine compen-
satione Deus Legem suam mitigavit, sed iustitiam servavit in
flagitanda poena. Ideo Christus inquit: "Non veni solvere
Legem, sed implere eam", scilicet subeundo poenam pro
genere humano et docendo et instaurando eam in credenti-
bus. Difficilis est explicatio huius rei, sed pios oro, ut haec,
quae dixi, expendant. Et cum Christus λύτρα persolverit,
liberati sumus a Lege propter ipsum, scilicet ne maneamus in
maledictione, modo ut fide beneficium eius nobis applice-
mus. Ideo Paulus diserte inquit nos liberatos esse a maledictione Legis, scilicet quia Christus persolvit λύτρα. Non
remissa sunt peccata in voluntate Dei aliqua mobilitate sine

beurteilt das schweifende, keine Grenzen achtende Triebleben als schlecht. Sein Wohlwollen gilt dem, der den geforderten Gehorsam leistet, sein Zorn dem, der sich hartnäckig widersetzt.

Die Bestimmungen dieses Gesetzes sind den vernunftbegabten Geschöpfen eingegossen und können, solange sie existieren sowenig abgeschafft werden wie das Wissen um die Gesetzmäßigkeit der Zahlen.

Diese Richtschnur, das Moralgesetz, bleibt also ständig. Für immer gilt die Ordnung der göttlichen Vernunft, daß das Geschöpf gehorchen solle. Denn jedes Gesetz verpflichtet zum Gehorsam oder zum Erdulden der Strafe.

Da die Menschen den Gehorsam nicht geleistet haben, konnte es nur so sein, daß sie entweder selbst unter der Strafe zugrunde gingen oder ein anderer die Strafe auf sich nahm, d. h. die λύτρα (das Lösegeld) bezahlte. Deshalb bezahlte nach seinem wunderbaren und unaussprechlichen Ratschluß der Sohn Gottes das Lösegeld, trat für uns ein und leitete den Zorn (Gottes), den wir hätten erleiden müssen, auf sich selbst ab. Gott milderte also sein Gesetz nicht ohne Ausgleich, sondern hielt seine Gerechtigkeit durch die Forderung des Strafleidens aufrecht. Deshalb sagte Christus: »Ich bin nicht gekommen, das Gesetz aufzulösen, sondern es zu erfüllen«[6], nämlich dadurch, daß ich die Strafe für das Menschengeschlecht auf mich nehme, das Gesetz lehre und es in den Herzen der Gläubigen erneuere. Diese Erklärungen sind schwierig, doch bitte ich die Frommen, was ich gesagt habe, zu bedenken. Da Christus das Lösegeld bezahlt hat, sind wir seinetwegen vom Gesetz befreit, damit wir nicht unter dem Fluch bleiben, wenn wir uns nur seine Wohltat durch den Glauben aneignen. Deshalb sagt Paulus klar und deutlich, wir seien vom Fluch des Gesetzes befreit, weil nämlich Christus das Lösegeld bezahlt hat. Die Sünden sind im Willen Gottes keineswegs aus unbegründetem Wan-

6 Mt. 5,17.

causa, sed intercessit magna compensatio propter iustitiam
Dei. [...]

Haec doctrina nos de utraque re admonet, de ingenti ira Dei
adversus peccatum, quod non remissum est sine compensa-
tione, et de admirando beneficio Christi. Semper odit Deus
peccatum, sed quia iram suam in Filium derivavit, nos
recipit. Lex enim obligat, ut dixi, ad obedientiam vel ad
poenam, et poena a Filio persoluta est.

Nunc igitur ad principalem quaestionem respondeo. Liberati sumus a maledictione Legis moralis, quia Filius persolvit
λύτρα et propter Filium recepti sumus, sed manet ordo Dei
aeternus et immutabilis, ut creatura Deo conditori obtempe-
ret. Non accusat, non damnat Lex reconciliatos, sed manet
ordo in mente divina et in nostra mente, ut Deo obediamus.
In hanc sententiam dicitur: Abrogata est Lex, quod ad
maledictionem attinet, non quod ad obedientiam attinet.
Ideo et Spiritus sanctus datur, ut deinde vere accendantur in
cordibus nostris motus congruentes Legi Dei, ut 2. Cor. 3:
"Nos retecta facie gloriam Domini speculantes in eandem
imaginem transformamur a gloria in gloriam tanquam a
Domini Spiritu."

Ex his intelligi potest dictum Pauli: "Non estis sub Lege, sed
sub gratia", scilicet, quia in Christum translata est poena,
credentes liberati sunt ab ira et iam propter Christum iusti
seu accepti sunt, etiamsi haerent in eis reliquiae peccati,
quibus repugnant spiritu. Quod dicitur: "Iusto non est Lex
posita", manifeste eo loco apud Paulum de disciplina dicitur,
ait Legem positam iniustis, adulteris, homicidis, etc., ut

kelmut vergeben. Vielmehr ist um der Gerechtigkeit Gottes willen ein großer Ausgleich eingetreten. [...]

Diese Lehre weist uns auf zweierlei hin: Den ungeheueren Zorn Gottes gegen die Sünde, die nicht ohne Ausgleich vergeben wurde, und die wunderbare Wohltat Christi. Immerdar haßt Gott die Sünde, weil er aber seinen Zorn auf den Sohn umgeleitet hat, nimmt er uns an. Das Gesetz verpflichtet, wie ich gesagt habe, zum Gehorsam oder aber zum Erdulden der Strafe. Die Strafforderung ist vom Sohne beglichen worden.

Nun will ich auf die Hauptfrage antworten. Wir sind vom Fluch des Gesetzes befreit worden, weil der Sohn das Lösegeld bezahlt hat und sind um des Sohnes willen angenommen worden. Doch bleibt die ewige und unwandelbare Ordnung Gottes, nach der das Geschöpf dem Schöpfer zu gehorchen hat. Zwar klagt das Gesetz die Versöhnten nicht an und verurteilt sie nicht, doch bleibt in der göttlichen und in unserer Vernunft bestehen, daß wir Gott gehorchen sollen. Der Satz: ›Das Gesetz ist abgeschafft‹, bezieht sich auf den Fluch, nicht auf den Gehorsam. Der Hl. Geist wird gegeben, damit er in unseren Herzen Regungen im Einklang mit Gottes Gesetz erwecke. So heißt es im dritten Kapitel des Zweiten Briefes an die Korinther: »Wir spiegeln mit enthülltem Angesicht die Herrlichkeit des Herrn wider und werden in sein eigenes Bild verwandelt, von Herrlichkeit zu Herrlichkeit, durch den Geist des Herrn.«

Von daher ist der Ausspruch des hl. Paulus zu verstehen: »Ihr seid nicht unter dem Gesetz, sondern unter der Gnade.« D. h.: Die Strafe ist auf Christus übertragen worden, die Gläubigen sind vom Zorn (Gottes) befreit und um Christi willen gerecht oder angenommen, mögen in ihnen auch noch Sündenreste haften, gegen die sie im Geiste ankämpfen. Wenn es bei Paulus heißt: »Für den Gerechten ist das Gesetz nicht aufgerichtet«, dann geht es ihm dabei ganz offensichtlich um die Zucht. Er will sagen, das Gesetz sei für die Ungerechten, die Ehebrecher, die Todschläger

coërceantur, accusentur, puniantur. Hac disciplina et hoc
carcere iustus, id est, renatus Spiritu sancto, non domandus
est, sed regitur Spiritu sancto, praelucente verbo Dei, cui scit
creaturam rationalem subiectam esse. Et eo loco apud
Paulum emphasis est in verbo κεῖται. Iustum Lex non
premit, non obruit.

Quartus gradus est libertatis, quod Evangelium docet ritus
humana auctoritate factos in Ecclesia de adiaphoris non
mereri remissionem peccatorum, non esse iustitiam Evangelii, non servandos esse cum opinione necessitatis, sed posse
omitti extra casum scandali. Haec clare traduntur in his
dictis: "Frustra colunt me mandatis hominum." Item:
"Nemo vos arguet in cibo, potu" etc. Recensui autem supra,
quos errores addant hypocritae illis humanis ritibus, quos
errores cum refutari necesse sit, de hoc gradu libertatis in
Ecclesia dicendum est. Deus vult se et voluntatem suam
agnosci ex verbo suo, non concedit nobis licentiam fingendi
opiniones nostro arbitrio, ut finxerunt Ethnici et idolorum
cultores omnibus temporibus.

usw. aufgerichtet, damit sie gebändigt, angeklagt und bestraft werden. Durch eine solche äußere Zucht, ein solches Gefängnis, braucht der Gerechte, der aus dem Hl. Geist Wiedergeborene, nicht gezähmt werden, weil er durch den Hl. Geist geleitet wird und ihm das Wort Gottes voranleuchtet, dem er das Vernunftwesen untergeordnet weiß. An dieser Stelle liegt bei Paulus die Betonung auf dem Wort χεῖται (steht da, ist aufgerichtet). Den Gerechten beschwert das Gesetz nicht, es lastet nicht drückend auf ihm.

Die vierte Freiheitsstufe besteht in der Lehre des Evangeliums, daß mit menschlicher Autorität in der Kirche über Mitteldinge[7] festgesetzte Riten keine Sündenvergebung verdienen, daß sie nichts mit der Gerechtigkeit des Evangeliums zu tun haben, daß man sie nicht in der Meinung, sie seien notwendig, zu halten braucht, sondern ihre Unterlassung völlig unanstößig ist. Dies wird in folgenden Aussprüchen völlig deutlich: »Vergeblich verehren sie mich mit Menschengeboten.«[8] »Niemand kann euch hinsichtlich des Essens oder Trinkens etwas vorhalten.«[9] Ich habe weiter oben die Irrtümer aufgezählt, mit denen die Heuchler diese Riten menschlichen Ursprungs verbinden. Da diese Irrtümer widerlegt werden müssen, muß in der Kirche von dieser Freiheitsstufe die Rede sein. Gott will, daß wir ihn und seinen Willen aus seinem Wort erkennen, und gesteht uns nicht zu, nach unserem Gutdünken Meinungen darüber zu erdichten, wie dies die Heiden und Götzendiener aller Zeiten getan haben.

---

7 Adiaphora, ›Mitteldinge‹, sind Verhaltensweisen, besonders rituelle, die als von Gott weder geboten noch verboten gelten, folglich dem freien Ermessen anheimgestellt sind.
8 Mt. 15,9.
9 Kol. 2,16.

Praefatio in officia Ciceronis (1534)

Videntur mihi singulari consilio Graeci in definitione artis hoc posuisse, quod aliquam in vita utilitatem habere debeat. Nam omnes artes instrumenta sunt vel privatae vitae conservandae vel regendae reipublicae. Nec opus est, hic enarrare singulas et ostendere propter quos usus inventae sint et a maioribus ad posteros magna cura transmissae. Illud magis est necessarium admonere, ut hi qui haec studia litterarum ingrediuntur, initio considerent, quis sit harum artium finis, quae sit ex ipsis petenda utilitas, quod qui sciet et vim et dignitatem artium rectius cognoscet et prudentius eliget ea quae maxime prodest discere. Ad haec numquam perfectam doctrinam consequuntur isti, quorum animus non prospicit certum finem studiorum, et vagantur temere ac sine ordine ac ratione per varias disciplinas τέχνη ἔστι σύστημα ἐγκαταλήψεων ἐγγεγυμνασμένων πρός τι τέλος εὔχρηστον τῶν ἐνὶ τῷ βίῳ. Finem seu utilitatem in omnibus artibus in primis spectandam esse probat ex ipsius artis definitione, quae et Quintiliani causa fuit, cur rhetorices finem tam magna cura libro secundo capite decimo octavo quaesiverit.

Omnis autem doctrina aut rerum cognitionem continet aut verborum et quia rerum notae verba sunt, prior est verborum cognitio, ad quam comparandam tametsi necessariae sunt artes, grammatica, dialectica, rhetorica, tamen sine

Sprachliche und ethische Bildung

Vorrede zu Ciceros Buch *Über die Pflicht* (1534)

Selten einsichtsvoll scheinen mir die Griechen in die Begriffsbestimmung von ›Kunst‹ aufgenommen zu haben, daß sie im Leben einen gewissen Nutzen haben müsse. Denn alle Künste und Wissenschaften sind Mittel, das private Leben zu bewahren oder das Gemeinwesen zu leiten. Es ist nicht nötig, sie hier im einzelnen aufzuzählen und die Zwecke aufzuzeigen, derentwegen sie erfunden und sorgfältig von einer Generation zur anderen weitergegeben wurden. Es ist nötiger, die Anfänger humanistischer Studien daran zu erinnern, daß sie sich von Anfang an vor Augen halten, worin der Zweck dieser Künste und Wissenschaften bestehe und welcher Nutzen von ihnen zu erwarten sei. Denn wer Leistung und Wert der Künste besser durchschaut, wird auch mit mehr Klugheit die nützlichsten Lerninhalte auswählen. Nie werden die zu völliger Stoffbeherrschung gelangen, die für ihre Studien keinen bestimmten Zweck ins Auge fassen und aufs Geradewohl und richtungslos verschiedene Lehrgebiete durchstreifen. »Eine Kunst ist ein Zusammenhang von zu einem lebensdienlichen Zweck eingeübten Begriffen.«[1] Aus der Begriffsbestimmung von Kunst macht er deutlich, daß der Zweck oder Nutzen bei allen Künsten in erster Linie zu beachten ist. Das ist auch der Grund, warum Quintilian im 18. Kapitel seines zweiten Buches so sorgfältig nach dem Nutzen der Rhetorik gefragt hat.

Jedes Lehrgebiet umfaßt entweder Kenntnisse von Dingen oder von Wörtern. Da die Bezeichnungen der Dinge die Wörter sind, ist die Kenntnis der Wörter früher. Um sich eine solche zu verschaffen, sind zwar die Künste der Gram-

---

1 Zitat aus den *Definitiones Medicinae* des berühmten Arztes und Philosophen Galen (129–199 n. Chr.).

exemplis artes ipsae sunt inefficaces. Ideo boni auctores legendi sunt, ex quibus linguae phrasin discamus, ex quorum imitatione comparemus nobis eiusmodi genus orationis quod adhiberi possit ad graves causas explicandas, quodque lumen afferre rebus obscuris possit, si quando homines de magnis rebus, ut saepe accidit, docendi erunt. Nemo autem ignorat optimum dicendi magistrum esse Ciceronem. Verum hic libellus habet singulares dotes, multos continet locos communes, in iis est magna figurarum varietas, in iis autem narrationes, quae valde conducunt ad eloquentiam. Antonius apud Ciceronem ait nullam partem in dicendo difficilius effici quam perspicuam narrationem. Quare magnopere prodest egregia exempla narrationum tenere, quae nobis proponamus intuenda, ut in dicendo aliquam similitudinem illorum consequamur.

Primum ergo in huius operis vestibulo atque aditu cogitabit auditor hanc lectionem profuturam esse ad alendam verborum scientiam. Itaque cum universam orationis seriem ac phrasim observabit, tum excerpet tamquam flores insignes figuras ac iucundas narrationes et sententias maxime memorabiles, nam omnino danda est opera, ut aliquid inde ad nostrum usum transferamus, nostra oratio locupletior ex hac fiat: non enim obiter inspicienda sunt haec opera, sicut tabulas praeclare pictas et ad spectandum propositas tantum voluptatis causa contemplamur, nullam inde partem nobiscum auferimus, sed ita contemplemur, ut amoenissimos hortos, in quibus sparsim decerpimus fructus aut flores qui

matik, Dialektik und Rhetorik nötig, doch bleiben sie ohne Beispiele unwirksam. Deshalb müssen wir gute Schriftsteller lesen, damit wir aus ihnen eine gute Ausdrucksweise lernen und uns, indem wir sie nachahmen, Formulierungen aneignen, die bei der Erklärung wichtiger Sachverhalte verwendet werden und Licht in unklare Zusammenhänge bringen können, wenn andere, wie es oft vorkommt, über Wesentliches aufzuklären sind. Bekanntermaßen ist Cicero der beste Lehrer im sprachlichen Ausdruck. Dieses Buch weist einzigartige Qualitäten auf, es enthält viele Gemeinplätze,[2] eine Vielfalt von Redewendungen und Erzählinhalte, die der Ausdrucksfähigkeit förderlich sind. Antonius sagt bei Cicero, kein Redeteil sei schwieriger zu formulieren als ein klar und deutlich erzählender Abschnitt. Daher ist es von großem Nutzen, sich aus dem Gedächtnis herausragende Erzählbeispiele vor Augen zu halten und sich ihnen beim Formulieren möglichst anzunähern.

Der Leser, der sich zu diesem Werk Zugang verschafft, wird also zunächst daran denken, wie sehr diese Lektüre seine Ausdrucksfähigkeit bereichern kann. Er wird also einmal den gesamten Redefluß und die Ausdrucksformen beobachten, zum anderen wird er gelungene Wendungen, vergnügliche Erzählungen und denkwürdige Sätze wie Blumen herauspflücken. Denn wir müssen besonders darum bemüht sein, manches in unseren eigenen Sprachgebrauch zu übernehmen und so unsere Ausdrucksweise zu bereichern. In diese Werke ist nicht nur oberflächlich Einblick zu nehmen, wie wir schöne Gemälde, die uns vor Augen gestellt werden, nur um des Genusses willen betrachten und nichts davon mitnehmen; wir müssen sie vielmehr als liebliche Gärten ansehen, darin wir überall die Früchte und Blumen pflük-

2 Der Ausdruck »Gemeinplatz«, *locus communis*, hat nicht die abschätzige Bedeutung wie in modernen Sprachen (*commonplace*, *lieu commun*). Er bezieht sich auf allgemein einleuchtende Einsichten, die man bei bestimmten Autoren besonders treffend formuliert fand und deshalb in ihrer Fassung gern zitierte.

maxime delectant. Altera de rerum cognitione deliberatio
esse debet, quarum rerum scientiam hinc auferre possumus.
Prodest autem quendam artium ordinem tenere animo com-
prehensum et fines atque usus illarum videre. Aliae de natura
rerum disputant, aliae continent religionem, aliae rationem
regendae reipublicae et iudicandi forenses controversias,
aliae continent praecepta de moribus civilibus in omni vitae
genere necessaria. Cum itaque legimus aliquid, expendere
debemus ad quem ordinem artium pertineat: Utrum in
administratione reipublicae profuturum sit, an privata vita;
et haec deliberatio non modo excitat studia et acuit curam
discendi, sed etiam ad ipsas artes rectius intelligendas et
percipiendas plurimum confert. Facilius enim percipiuntur
illa, quorum quasi regiones quam late pateant et metas
deprehendimus. Pertinet autem hic libellus Ciceronis ad
philosophiam moralem, continet enim definitiones virtutum, et sunt addita definitionibus multa praecepta de moribus civilibus, atque haec magna ex parte oratorio more,
populari genere orationis, ut intelligere ea et in communi
vitae consuetudine imitari homines praediti communi sensu
possint; nam exiles disputationes, quales sunt apud Aristotelem, doctrinam quidem continent non illiberalem, sed sub-
obscuram et propemodum consulto recedentem longius ab
imperitorum intellectu atque iudicio. Hae definitiones facilius intelligi et ad cottidianum usum vitae accommodari
possunt. Porro hoc in confesso est, necessarium esse omnibus quandam de moribus doctrinam et descriptionem virtutum, ut in nostris moribus et in hominum negotiis iudicandis
intelligere possimus, quid deceat, quid non deceat, quae sunt
recte, quae secus facta. Tenere ergo formas et imagines

ken, an denen wir die größte Freude haben. Die andere Überlegung muß der Sachkenntnis gelten, die wir hier gewinnen können. Es ist von Nutzen, einen gewissen Zusammenhang von Künsten und Wissenschaften geistig zu umfassen sowie ihre Zwecke und Nutzanwendungen wahrzunehmen. In den einen wird das Wesen der Dinge erörtert, andere behandeln die Religion, wieder andere richten sich auf in jeder Lebensweise notwendige Vorschriften für das Verhalten als Bürger. Beim Lesen sollten wir uns also gleich fragen, welchem Lernbereich der Stoff zugehört, ob er bei der Verwaltung des Gemeinwesens oder im privaten Leben von Nutzen ist. Diese Überlegung regt nicht nur die Studien an und fördert nicht nur den Lerneifer, sondern sie trägt auch zum besseren Verstehen und Begreifen der Künste und Wissenschaften selbst sehr viel bei. Leichter erfassen wir nämlich jene Gegenstände, deren Ausdehnung und Grenzen wir wahrnehmen. Dieses Buch Ciceros gehört zur Moralphilosophie, es enthält Begriffsbestimmungen der Tugenden, denen viele Gebote des bürgerlichen Verhaltens beigefügt sind. Weithin drückt er sich nach Art der Redner volkstümlich aus, so daß man das Gesagte mit dem gesunden Menschenverstand begreifen und in sein Alltagsleben umsetzen kann. Zwar gehen feinsinnige Erörterungen, wie sie sich bei Aristoteles finden, nicht ganz an den Belangen des höhergestellten und gebildeten Bürgers vorbei, doch bringen sie ihm nicht immer Klarheit, sondern entfernen sich oft fast absichtlich von den Verstehens- und Beurteilungsmöglichkeiten dessen, der für solche Fragen nicht besonders ausgebildet ist. Die Bestimmungen Ciceros in diesem Buch lassen sich dagegen leichter verstehen und für den täglichen Gebrauch im Leben zurechtlegen. Ferner steht fest, daß alle eine Sittenlehre und Beschreibung der Tugenden brauchen, damit uns bei unserem eigenen Verhalten und bei der Beurteilung der menschlichen Angelegenheiten einsichtig wird, was sich gehört und was sich nicht gehört, wo recht gehandelt wurde und wo unrecht. Wir müssen also Modelle und

virtutum oportet, quas in omnibus consiliis, in omnibus
negotiis iudicandis sequamur. Atque haec doctrina proprie
vocanda est humanitas, ac recte et civilem vivendi rationem
ostendit omnibus aetatibus, quam qui non norunt, parum
admodum distant a bestiis. Quamquam autem aliis locis
magis fortasse convenit, ostendere quod sit discrimen huius
doctrinae et Evangelii, tamen et haec duxi hac de re admo-
nendos esse auditores, ut eximatur eis error, qui iam istorum
animos occupavit, haec Ethnicorum scripta indigna esse
quae Christiani homines legant, et philosophiam procul
fugiendam esse Christianis. Itaque breviter hac de re sententiam nostram exponemus. Philosophia nihil affirmat de
voluntate Dei, nihil praecipit de timore et fiducia in Deum:
haec proprie ad Evangelium pertinent. Sed praeter haec
civilis vitae praecepta, necessaria sunt, quae doceant quomodo homines inter se tranquille vivere possint: haec in
philosophia traduntur, et a viris excellentibus causae eorum
in ratione positae deprehensae sunt. Neque existimandum
est Christum venisse in mundum, ut haec praecepta traderet,
aliud quiddam de voluntate Dei et de fiducia in Deum
exposuit, quae ratio humana non potuit deprehendere.
Interim tamen et civilia officia vitae approbat Deus et requi-
rit ab omnibus aetatibus, hac disciplina coerceri vult homines non aliter atque magistratuum legibus et institutis, quae
cum iis praeceptis magnam habent cognationem, nam ex iis
tamquam ex fontibus omnes leges et omnia iura magistratuum nata sunt et ob hanc causam magnam habet utilitatem
haec doctrina, quia cum ostendat causas legum et publici
iuris, multum adiuvat ad intelligendum omnes de civilibus

Bilder der Tugenden in uns tragen, nach denen wir uns bei allen unseren Entscheidungen und bei der Beurteilung aller unserer Angelegenheiten richten. Diese Lehre hat etwas mit wahrer menschlicher Bildung zu tun. Sie zeigt allen Altersstufen eine gesittete Lebensweise auf, bei deren Unkenntnis man fast in die Nähe der Tiere gerät. Obwohl vielleicht besser an anderer Stelle aufzuzeigen wäre, worin sich diese Lehre vom Evangelium unterscheidet, muß ich doch, wie mir scheint, auch hier darauf zu sprechen kommen, um meine Hörer von dem Irrtum fernzuhalten, der schon gar manchen erfaßt hat, es sei für Christen unwürdig, jene Schriften der Heiden zu lesen und sie hätten der Philosophie möglichst weit aus dem Wege zu gehen. Deshalb möchten wir darüber kurz unsere Auffassung entwickeln. Die Philosophie sagt nichts über den Willen Gottes aus, sie gebietet nicht die Furcht vor Gott und das Vertrauen zu ihm. Denn all dies gehört ausschließlich zum Evangelium. Jedoch sind außerdem auch Vorschriften zum weltlichen Leben nötig, denen die Menschen entnehmen, wie sie friedlich zusammenleben können. All das wird in der Philosophie weitergegeben, von hervorragenden Männern sind die in der Vernunft liegenden Ansätze dafür aufgespürt worden. Man darf nicht meinen, Christus sei in die Welt gekommen, um diese Vorschriften zu lehren. Er hat etwas anderes über den Willen Gottes und über das Vertrauen zu Gott dargelegt, was die menschliche Vernunft von sich aus nicht hätte entdecken können. Doch liegt Gott auch an den Pflichten des weltlichen Lebens, und er verlangt sie allen Altersstufen ab. Er will, daß die Menschen durch diese Morallehre ähnlich in Schranken gehalten werden wie durch die Gesetze und Anordnungen der Obrigkeit. Denn diese hängen mit den ethischen Normen weithin zusammen, sind doch aus ihnen wie aus ihren Quellgründen alle Gesetze und Rechte der Obrigkeit entstanden. Diese Lehre ist von großem Nutzen, weil sie die Ursprünge der Gesetze und des öffentlichen Rechtes aufzeigt und so beim Verständnis aller Erörterungen

rebus disputationes. Ut igitur decet Christianos hanc civilem
societatem colere et adiuvare, ita haec doctrina de civilibus
moribus atque officiis cognoscenda est. Non est pietas,
Cyclopum more vivere, sine iure, sine legibus, sine doctrina,
sine aliis vitae praesidiis quae continentur litteris. Quare isti
qui vituperant philosophiam, non tantum belligerantur cum
natura humana, sed etiam graviter laedunt Evangelii gloriam, quod iubet ut disciplina civili homines coerceantur, et
maximis praemiis ornat natura honesta instituta, quae continent civilem societatem hominum. Non ergo contemnendi
sunt philosophi et alii scriptores qui honesta vitae praecepta
tradunt, sed diligenter legendi, ut acuant iudicium de civilibus negotiis et moribus. Multa poterunt monere viri sapientes in republica versati, quae usu cognoverunt, quorum
cognitio nos reddet cautiores in magnis rebus gerendis.
Exposui quid hi libelli et ad verborum copiam et ad rerum
scientiam conferant, nam et copiam sermonis alunt et fir-
mant iudicium de moribus, quorum utrumque valde necessarium est in vita. Sed est alia quaedam utilitas horum
libellorum, quae ad eloquentiam pertinet, quae vel meo
iudicio vel praecipua est. Omnes docti viri praecipiunt, ut
locos communes habeamus instructos, ex quibus sumamus
orationem de honestis rebus, quoties opus erit. Nam omnia
negotia in vita, iudicantur ex locis communibus virtutum et
vitiorum, eamque ob causam ad illos referenda est oratio, de
quocumque negotio instituta fuerit. Hic primum prodest
locos perfecte cognitos habere, nam res ipsae perfecte cogni-

über das Zusammenleben hilft. Wie es den Christen entspricht, das Zusammenleben mit seinen Ordnungen zu achten und mitzutragen, so müssen sie auch diese Lehre über
das rechte Verhalten im Zusammenleben kennen. Es hat
nichts mit Frömmigkeit zu tun, wenn man nach Art der
Zyklopen lebt, ohne Rechtsordnung, ohne Wissenschaft
und ohne all die anderen Lebenshilfen in der Bildungstradition. Wer sich gegen die Philosophie wendet, liegt daher
nicht nur im Streit mit der wahren menschlichen Natur,
sondern tut auch der Würde des Evangeliums Abbruch.
Denn es gebietet, dem Leben der Menschen durch moralische Unterweisung die rechte Form aufzuprägen, und von
Natur aus fällt den rechten Ordnungen des menschlichen
Zusammenlebens überreicher Lohn zu. Folglich sind die
Philosophen und die anderen Schriftsteller, welche Grundsätze eines ehrbaren Lebens vermitteln, nicht zu verachten,
sondern sorgfältig zu studieren, damit das Urteil über weltliche Angelegenheiten und soziale Verhaltensweisen geschärft
wird. Vieles können uns weise Männer von ihren Erfahrungen im öffentlichen Leben her lehren, wodurch wir bei
großen Unternehmungen vorsichtiger werden. Ich habe dargelegt, wie sehr solche Werke sowohl zur Sprachfähigkeit als
auch zur Sachkenntnis beitragen. Sie bereichern den Sprach-
schatz und festigen das sittliche Urteil. Beides ist im Leben
sehr notwendig. Doch haben diese Werke noch einen weiteren Nutzen, der sich auf die Ausdrucks- und Argumenta-
tionsfähigkeit bezieht und meiner Ansicht nach sogar der
wichtigste ist. Alle Gelehrten empfehlen, uns sollten bestimmte Argumente und Ausdrücke, die geistiges Allgemeingut sind, zur Verfügung stehen, damit wir daraus
unsere Redebeiträge zu sittlichen Fragen sooft als nötig
speisen können. Denn alle Angelegenheiten des Lebens werden aus diesem ethischen Allgemeingut heraus beurteilt.
Deshalb ist beim Reden, worum auch immer es im einzelnen
gehe, Bezug zu nehmen. Hier ist es zunächst nützlich, mit
den Themen völlig vertraut zu sein, denn gute Sachkenntnis

144 *Sprachliche und ethische Bildung*

tae, gignunt orationem, sed magis etiam prodest habere in promptu sic tractatas et ornatas a Cicerone, ut inde verba atque ornamenta mutuari possimus aut certe imitari. Quid enim agit hic aliud Cicero, nisi ut locos communes, hoc est, virtutum definitiones colligeret? ad quas revocanda sunt omnia civilia negotia, de quibus dicendum est. Si scribis epistolam, in qua agis gratias amico bene de te merito, quam multa ornamenta suppeditabit Cicero in illo loco, qui continet praecepta de gratitudine? multae ibi similitudines, multa argumenta sunt quae ad usum nostrum transferre possumus. Si in deliberatione incidat utilitatis cum honestate contentio, ut saepe fit, quam multa sumi poterunt ex tertio libro? Quid gravius in tali controversia dici potest historia Cyrsili quem cum Athenienses dantem utile consilium, sed inhonestum, lapidibus obruissent, mulieres etiam Athenienses eius uxorem lapidaverunt: tantam esse vim honestatis Athenienses voluerunt, ut novo exemplo putarent in eum animadversum esse, qui utilitatem anteferendam esse iudicasset honestati. Talia ornamenta apte translata in nostram orationem, non modo gratiam, sed etiam auctoritatem conciliant. Supra dixi de verbis et sententiis excerpendis, haec vero maior erit utilitas, integros locos ordine cognoscere et eorum formas tenere, quas vel imitemur, vel usurpemus cum opus erit, quia cum omnia negotia in vita referuntur ad tales locos, necesse est, ut copiose instructos atque paratos habeamus, ac sicubi deerunt hae opes, is nullam causam neque recte iudicare, neque clare exponere poterit. Dixi.

setzt sich in sprachliche Äußerung um. Noch nützlicher ist es indessen, parat zu haben, wie Cicero diese Themen kunstvoll behandelt, und gepflegte Formulierungen aus seinem Werk borgen oder treffsicher nachahmen zu können. Denn was tut hier Cicero anderes, als daß er Grundbegriffe, d. h. Definitionen von Tugenden, zusammenstellt? Mit diesen sind aber alle Angelegenheiten des Zusammenlebens, über die man sich äußern soll, in Verbindung zu bringen. Wie viele kunstvolle Formulierungen liefert Cicero dem, der einem verdienten Freunde einen Dankesbrief schreiben will, an der Stelle, wo er die Pflichten der Dankbarkeit behandelt? Dort finden sich viele Vergleiche und Argumente, die wir in unseren Gebrauch übernehmen können. Wenn bei einer Abwägung, wie es oft geschieht, das Nützliche und das Ehrenwerte in Spannung zueinander geraten, was kann man dann alles dem dritten Buch entnehmen! Was kann man bei einem solchen Gegensatz Ernsthafteres vorbringen als die Geschichte von Cyrsilius: Als ihn die Athener, weil er einen nützlichen, aber unsittlichen Rat gegeben hatte, unter einem Steinhagel begraben hatten, bewarfen die Athenerinnen auch seine Frau mit Steinen. Das Sittliche sollte nach dem Willen der Athener solche Macht haben, daß sie es für nötig hielten, auf völlig neue Weise gegen den vorzugehen, der die Auffassung geäußert hatte, der Nutzen sei höher zu stellen als die Ehre. Wer so gelungene Formulierungen geschickt in seine eigene Rede übernimmt, wirkt nicht nur gefällig, sondern gewinnt auch Einfluß. Weiter oben habe ich empfohlen, sich Wörter und Sätze herauszupflücken. Noch nützlicher wird es sein, das Gefüge ganzer Abschnitte zu kennen und sie als entweder nachzuahmende oder bei Bedarf anzuwendende Modelle zu behalten. Denn da sich alle Angelegenheiten im Leben auf solche Stellen beziehen lassen, müssen wir sie reichlich zur Verfügung haben. Wo diese Mittel fehlen, wird einer nichts recht beurteilen oder klar darstellen können. Damit möchte ich schließen.

De corrigendis adolescentiae studiis

(1518)

(III,34–39)

Artium genera omnino tria sunt, λογικὸν, φυσικὸν, προτρεπτικόν. Logicum vim omnem ac discrimina sermonis
tractat, et cum per ipsum in illa superiora sit iter, primum
formandae pueritiae rudimentum est, litteras docet, proprietatem sermonis aut regulis astringit, aut collatis auctorum
figuris, indicat quid observes, id quod fere grammatica
praestat. Deinde cum paulo progressus fueris, iudicium
animis comparat, quo metas rerum, ortus, fines, ductum, sic
agnoscas, ut sicubi quid inciderit exacte tractandum, omnia
quae ad institutum pertinent, quasi in numerato habeas, et
artis adminiculis ita sensus auditorum capias, ut dissentire
temere non queant. Hae partes illius sunt, quam nos dialecti-
cam, alii rhetoricam vocant: Nominibus enim variant auctores, cum ars eadem sit. [...]
Puerilia studia quae appellant προγυμνάσματα, grammatica,
dialectica, rhetorica eatenus discenda sunt, qua ad dicendum
ac iudicandum instructus, fastigia studiorum non temere
affectes. Iungendae Graecae litterae Latinis, ut philosophos,
theologos, historicos, oratores, poetas lecturus, quaqua te
vortas, rem ipsam assequare, non umbram rerum, velut
Ixion cum Iunone congressurus in nubem incidit. Hoc quasi

---

1 Ixion wollte Hera, die Gemahlin des Zeus, verführen, wurde aber von dem
  Gott mit einer Wolke getäuscht. Mit dieser zeugte er die Kentauren. Wegen
  mancherlei Frevel wurde er schließlich in der Unterwelt auf ein Rad gebunden, das sich mit hoher Geschwindigkeit drehte.

Allgemeinbildende Fächer

Es gibt drei wissenschaftliche Bereiche, den logischen, den physischen und den protreptischen. Die logischen Wissenschaften behandeln die Sprache insgesamt und ihre unterschiedlichen Elemente. Da durch den logischen Bereich der Weg zu den höheren führt, nimmt in ihm die Bildung der Knaben ihren Anfang. Man lehrt Lesen und Schreiben und faßt entweder die Eigenheiten der Sprache in Regeln oder macht an den Schriftstellern entnommenen Wendungen deutlich, was zu beachten ist. All dies leistet etwa die Grammatik. Nach einigem Lernfortschritt geht es um die Entwicklung der Urteilsfähigkeit. Man erkennt Grenzen, Ursprünge, Ziele und Verläufe so, daß man, wenn es um die genaue Behandlung eines Problems geht, alles, was sich auf dieses Vorhaben bezieht, gleichsam so deutlich vor sich sieht wie einzelne Münzen und mit wissenschaftlichen Mitteln die Zuhörer so zum Mitdenken zwingt, daß sie nicht einfach ins Blaue hinein anderer Meinung sein können. Dieses Teilgebiet nennen wir ›Dialektik‹, andere ›Rhetorik‹. In der Bezeichnung weichen die einzelnen Schriftsteller voneinander ab, doch die Wissenschaft ist die gleiche. [...]
Die als progymnastische bezeichneten grammatischen, dialektischen, rhetorischen Studien des Knabenalters mußt du so weit betreiben, daß du, was deine Sprach- und Urteilsfähigkeit anlangt, gut genug gerüstet bist, um die höheren Studien nicht einfach auf gut Glück anzugehen. Zum Lateinischen muß das Griechische hinzukommen, damit du bei der Lektüre der Philosophen, Theologen, Historiker, Redner und Dichter, wohin du dich auch wendest, an die Sache selbst herankommst, nicht nur ihren Schatten, wie etwa Ixion bei seiner Annäherung an Juno in eine Wolke fiel.[1] Hast du dir gleichsam dieses Reisegeld beschafft, dann eile

viatico comparato, per compendia καὶ εὐπετῶς, ut Plato ait,
philosophiam accede. Nam in ea sum plane sententia, ut qui
velit insigne aliquid, vel in sacris, vel foro conari, parum
effecturum, ni animum antea humanis disciplinis (sic enim
philosophiam voco) prudenter et quantum satis est, exercue-
rit. Nolo autem philosophando quemquam nugari, ita enim
fit, ut communis etiam sensus tandem obliviscare. Sed ex
optimis optima selige, eaque cum ad scientiam naturae, tum
ad mores formandos attinentia. In primis hic eruditione
Graeca opus est, quae naturae scientiam universam complectitur, ut de moribus apposite ac copiose dicere queas. Plurimum valent Aristotelis Moralia, Leges Platonis, Poetae,
atque ii sane, qui et optimi sunt, et in hoc legi possunt, ut
animos erudiant. Homerus Graecis fons omnium disciplinarum, Vergilius ac Horatius Latinis.
Necessaria est omnino ad hanc rem historia, cui si ausim, me
hercle non invitus uni contulero, quidquid emeretur laudum
universus artium orbis. Haec quid sit pulchrum, quid turpe,
quid utile, quid non, plenius ac melius Chrysippo et Crantore dicit. Hac nulla vitae pars, neque publica, neque privata
vacare potest. Huic administratio rerum urbanarum dome-

geradewegs – εὐπετῶς (leichten Schrittes), wie Plato sagt – auf die Philosophie zu. Denn ich bin ganz und gar der Auffassung, daß einer, der in der Theologie oder der Jurisprudenz etwas leisten will, wenig erreichen wird, wenn er nicht vorher seinen Geist in den allgemeinbildenden Fächern, so nenne ich nämlich die Philosophie, mit Bedacht und zur Genüge geübt hat. Ich möchte nämlich nicht, daß jemand beim Philosophieren irgendwelche Possen treibt; so kann ihm nämlich schließlich sogar der bloße gesunde Menschenverstand abhanden kommen. Wähle dir aus den höchsten geistigen Gütern die besten aus, und zwar sowohl solche, die sich auf die Erkenntnis der Natur, als auch solche, die sich auf die Formung der sittlichen Verhaltens beziehen. Besonders bedarf man hier der griechischen Bildung, die ja auch das gesamte Wissen von der Natur umfaßt, um sich über moralische Fragen treffend und reichlich äußern zu können. Von besonderem Wert sind hier die ethischen Schriften des Aristoteles, Platons »Gesetze«, von den Dichtern natürlich die besten und der geistigen Entwicklung förderlichsten. Für die Griechen war Homer der Quellgrund allen Lernens, für die Römer waren es Vergil und Horaz.

Besonders nötig ist für unsere Zwecke die Geschichte, der ich, wagte ich es, fürwahr nicht ungern schon allein all das Lob spenden würde, das dem gesamten Kreis der Künste und Wissenschaften zukommt. Sie läßt besser als Chrysipp und Krantor[2] deutlich werden, was schön, was schändlich, was nützlich ist und was nicht. In keinem Bereich des Lebens, weder im öffentlichen noch im privaten, ist sie zu entbehren. Wo immer, innerhalb und außerhalb des Hauses,

2 Chrysippos von Soloi (um 281–208) war nach Kleanthes Schulhaupt der Stoa. Er äußerte sich zu logischen und ethisch-psychologischen Fragen. – Krantor (um 330–275) stammte ebenfalls aus Soloi in Kilikien und war ein in der Antike sehr geschätzter Moralist und Trostspender. Dem stoischen Ideal der Affektfreiheit (Apathie) setzte er die Lenkung der Affekte durch die Vernunft (Metriopathie) entgegen.

sticarumque debet. Ac nescio an minore incommodo mundus hic noster sole, animo videlicet suo cariturus sit, quam historia, civilium negotiorum ratio. Consensu maiorum nostrorum celebratum est, Musas ex memoria natas esse. Eo, ni fallor, significatum ex historia omne artium genus manare.

Complector ergo philosophiae nomine scientiam naturae, morum rationes et exempla. Quibus qui recte imbutus fuerit, ille viam sibi ad summa muniit. Causas acturus habebit unde divitem rerum ac amplam orationem condat: civitatem administraturus, unde aequi, boni, iusti formulas petat.

etwas zu verwalten ist, steht man in ihrer Schuld. Ich weiß nicht, ob nicht diese unsere Welt mit geringerem Nachteil auf die Sonne, ihre Seele also, verzichten könnte als die Ordnung des Zusammenlebens auf die Geschichte. Unsere Vorfahren stimmen weithin darin überein, daß die Musen aus der Erinnerung geboren wurden. Täusche ich mich nicht, so soll das heißen, alle Künste und Wissenschaften wüchsen aus der Geschichte heraus.

Mit der Bezeichnung ›Philosophie‹ umfasse ich die Wissenschaften von der Natur und von den Gründen sittlichen Verhaltens sowie die geschichtlichen Beispiele. Wer davon recht erfüllt ist, hat sich den Weg in die höchsten Bereiche bereits gebahnt. Wenn er eine bestimmte Sache zu vertreten hat, steht ihm dann alles zu Gebote, woraus er eine reichhaltige und ansehnliche Rede schöpfen kann. Widmet er sich Verwaltungsaufgaben, so kann er daraus die Normen für das, was gerecht, billig und gut ist, gewinnen.

Encomion eloquentiae
(1523)

(III,46–62)

Quare si quis est non imprudens rerum aestimator, is apud
se expendat primum nihil esse, cuius usus latius pateat quam
sermonis commoda. Omnis hominum societas, ratio vitae
instituendae publice ac privatim conquirendorumque
omnium, quibus vitam tuemur, denique commercia omnia
sermone continentur.

Deinde persuadeat sibi neminem apposite ac dilucide de ulla
re dicturum esse, nisi qui arte quadam imitationeque opti-
morum et magna cura orationem ea lingua, qua publice
utimur, formarit. Quod ubi animadverterit, haud dubie nihil
prius, nihil antiquius habebit discendis loquendi artibus.
Sive enim consilio alii iuvandi sunt sive docendi, sive
tuendum est dogma aliquod, sive de iure, aequo ac bono
disserendum est, nihilo plus efficias, quam in scaenis mutae
personae solent, nisi arte elaboratam orationem attuleris,
quae res obscuras tanquam in lumine collocet.

Non ignoro esse, qui elegantiam a recte loquendi ratione
separant nec referre putant, modo rem indicent, qualicum-
que oratione utantur. Qui si rem propius inspexissent, neutiquam asciticium et supervacaneum ab eloquentiae professoribus fucum requiri iudicarent. Ipsa orationis puritas nati-
vaque facies elegantia est; quam nisi tueare, non modo non
venuste aut inquinate, sed improprie, obscure atque inepte
dixeris. Et quemadmodum in fingendis corporibus ea

Sprache – Denken, Lektüre klassischer Autoren,
pädagogische Bedeutung eigener
Formulierungsversuche

Wer also die Dinge nicht unbedacht einschätzen will, möge sich klar machen, daß es nichts gibt, dessen Nutzen weiterreicht als die Vorteile der Sprache. Das gesamte menschliche Zusammenleben, die Ordnung des öffentlichen und privaten Lebens, die Beschaffung aller lebensnotwendigen Güter, endlich aller Handel und Verkehr werden von der Sprache umfaßt.

Weiterhin mache er sich klar, daß nur der sich treffend und deutlich äußern kann, der seine Redefähigkeit in der bei uns öffentlich gebrauchten Sprache kunstfertig und sorgfältig durch die Nachahmung der besten Schriftsteller ausgebildet hat. Wenn er das verstanden hat, wird für ihn ohne Zweifel kein Anliegen vor der Ausbildung seiner sprachlichen Fähigkeiten kommen. Mag jemandem ein hilfreicher Rat zu geben oder etwas beizubringen sein, mag es darum gehen, ein Dogma abzusichern oder sich über rechtliche und ethische Fragen zu äußern, kaum dürfte man mehr als auf der Bühne Stumme bewirken, wenn man nicht eine kunstvoll ausgearbeitete Rede vorbringt, welche zunächst dunkle Sachverhalte in hellem Licht erscheinen läßt.

Wohl weiß ich, daß manche meinen, Schönheit und Richtigkeit der Sprache ließen sich trennen und die Art des Sprachgebrauchs sei unwichtig, wenn nur zur Sache geredet werde. Wenn sie diese Frage genauer untersuchten, würden sie keineswegs der Ansicht sein, von den Lehrern der Beredsamkeit werde weit hergeholte und überflüssige Schminke verlangt. Die unverfälschte und ursprüngliche Gestalt der Sprache ist Schönheit. Wenn man sie nicht bewahrt, wird man sich nicht nur unfein und schlampig, sondern auch unpassend, unklar und albern ausdrücken. Und wie bei der plastischen Darstellung von Körpern sich Schönheit darin

demum elegantia est, ubi iusta proportione membra omnia
inter se consentiunt, si quid secus facias, monstrosum erit, ita
cum germanam orationis speciem nova compositione de-
formaveris, monstrosam plane atque ineptam facies. [...]
Peperit elegantiam necessitas, quod et barbara omnia incerta
sunt et quae oratoriis ornamentis inlustrata sunt, clarius
percipiuntur. Nam in hunc usum adhiberi schemata Fabius
scripsit neque unquam veram speciem ab utilitate recte dividi
sentit. In sacris libris, ut interim profanos omittam, quid
quaeso desideras rhetoricorum schematum? At his opinor
non usuri erant prophetae, si nihil ad rem facere iudicas-
sent.
Videtis, qua ratione vobis eloquentiae studia commendem,
quod nec exponere, quae volumus ipsi, nec quae a maioribus
recte scripta exstant, intellegere possimus, nisi certam
dicendi normam perdidicerimus. Equidem non video, quomodo aliis hominum vice futuri sint, qui nec quae sentiunt
explicare nec quod recte dicitur assequi queunt. [...]
Videbant inter se maiores nostri haec duo, bene dicendi
scientiam et animi iudicium, natura cohaerere; quare et non
inepti quidam orationem esse dixerunt explicatam animi
rationem. Et Homerus poeta iisdem eloquentiam ac prudentiam tribuit. Mitto iam alios. Ulyssi, cuius orationem hiber-
nis nivibus comparat, utrumque uno versiculo ascribit, cum
inquit: σοι δ᾽ ἔνι μὲν μορφὴ ἐπέων, ἔνι δὲ φρένες ἐσθλαί.
Nec tempero mihi, quominus recenseam et Latine ab erudito
quodam expressum: Mente vales, iuncta est facundis gratia
dictis. O divinam sententiam multoque digniorem, quae

zeigt, daß alle Glieder im rechten Verhältnis untereinander zusammenstimmen, und bei Abweichungen davon Ungeheuer entstehen, so wird auch die Sprache monströs und albern, wenn man ihre ursprüngliche Gestalt durch neuartige Bildungen verformt. [...]

Die Notwendigkeit hat die schöne Form entstehen lassen. Denn ungepflegte Ausdrucksweisen bleiben auch unklar, wo dagegen die rhetorische Gestaltung schmückend hinzutritt, wird auch der Sinn deutlicher. Denn zu diesem Zweck werden nach Fabius die rhetorischen Figuren eingesetzt. Seiner Ansicht nach sind Nutzen und rechte Form nicht zu trennen. Wozu bedarf man etwa in der Heiligen Schrift – von weltlichen Werken will ich einmal absehen – der rhetorischen Figuren? Die Propheten hätten sie, wie ich meine, nicht gebraucht, wenn sie nicht sachdienlich wären.

So seht ihr nun, warum ich rhetorische Studien empfehle: Wenn wir nämlich gewisse Richtlinien des sprachlichen Ausdrucks nicht gründlich lernen, können wir weder unsere eigenen Gedanken darlegen, noch die Schriften aus früherer Zeit verstehen, die uns erhalten sind. Mir ist unklar, wie einer anderen als Mensch begegnen wollte, der weder seine eigenen Gedanken entwickeln, noch die klaren Äußerungen anderer erfassen kann. [...]

Für unsere Vorfahren war völlig offensichtlich, daß gute Ausdrucksfähigkeit und Urteilskraft von Natur aus zusammenhängen. Deshalb bezeichneten sie recht treffend die Rede als entfaltete Denkweise. Der Dichter Homer – andere übergehe ich hier – schreibt Beredsamkeit und Klugheit den gleichen Personen zu. Von Odysseus, dessen Redeweise er mit winterlichen Schneemassen vergleicht, sagt er in einem Vers beides aus: »Wohlgestaltet ist deine Rede, treffsicher aber dein Verstand.« Nur den lateinischen Ausspruch eines gelehrten Mannes will ich noch anführen: »Du bist scharfsinnig. Deinen beredten Worten eignet Anmut.« Welch ein fast göttlich weiser Ausspruch! Er ist es bei weitem eher wert, daß ihn sich junge Menschen sorgfältig einprägen, als

iuvenilibus pectoribus sollicite inseratur, quam Delphica aliquot scita. Quid enim spectabat aliud optimus senex quam sic inter se copulatas esse prudentiam atque eloquentiam, ut divelli nulla ratione possint. Atque utinam sibi omnes adulescentes hunc versiculum propositum putent, quorsum tamquam ad scopum omnia studia sua rationesque dirigant sentiantque sibi omnem operam, curam, industriam, cogitationem, mentem denique omnem in his artibus parandis figendam esse, quarum Homerus haud dubie ob eam causam mentionem fecit, quod videri omnium rerum humanarum, ut sunt, et pulcherrimas et maxime utiles voluit.

Quid in consilio fuisse censetis veteribus Latinis, cur dicendi artes humanitatem appellarint? Iudicabant illi nimirum harum disciplinarum studio non linguam tantum expoliri, sed et feritatem barbariemque ingeniorum corrigi. Nam cultu perinde ac plerique silvestrem indolem exuunt, mansuescunt ingenia cicuranturque.

Duae sunt autem causae, cur recte dicendi studio animi iudicium acuatur. Prior est, quod qui iis artibus operam dant, ad eiusmodi scriptorum exempla se comparent necesse est, qui in maximis rebus gerendis ac tractandis versati summam prudentiam usu consecuti sunt; quorum commercio fit, ut nonnihil iudicii contrahant lectores et, tamquam qui in sole ambulant, colorentur. Solet enim iuvenilibus ingeniis exemplar aliquod recte dicendi sentiendique proponi, unde et verborum vim et orationis structuram et explicandi figuras discant. Nam et dicendi rationem perinde ac ceteras artes imitatio adiuvat. Neque enim verisimile est pingendi arti tantum ab Apelle venustatis gratiaeque adici

gar manches delphisches Orakel. Denn auf was sonst wollte der treffliche Greis hinaus, als auf die enge und unauflösliche Verbindung von Klugheit und Beredsamkeit. Möchten doch alle Jünglinge diesen Vers so auf sich beziehen, daß sie sich von ihm in all ihrem Studieren und Denken leiten lassen, ja es für angemessen halten, ihre Mühe und Sorgfalt, ihren Fleiß und ihre geistige Anstrengung ganz und gar auf den Erwerb der Fähigkeiten zu richten, die Homer ohne Zweifel deshalb erwähnt hat, weil er sie als das aufzeigen wollte, was sie sind, nämlich das Beste und Nützlichste, das dem Menschen zu Gebote steht.

Was mag wohl den alten lateinischen Schriftstellern durch den Sinn gegangen sein, wenn sie Fähigkeiten des rechten sprachlichen Ausdrucks als ›Humanität‹, ›humane Bildung‹ bezeichneten? Sie waren der Auffassung, durch die Beschäftigung mit diesen Lehrgebieten werde nicht nur die Sprache verfeinert, sondern auch die wilde Ungeschlachtheit der gesamten Veranlagung zurechtgebracht. Denn durch Verfeinerung können die meisten ihre wilde Art abstreifen und in ihrer Wesensart sanfter und ruhiger werden.

Aus zwei Gründen wird die Urteilskraft durch sprachliche Studien geschärft. Wer sich – darin besteht der erste Grund – um diese Fähigkeiten bemüht, muß sich ja an die Beispiele der Schriftsteller halten, die bei der Durchführung bedeutender Aufgaben und der Behandlung wichtiger Probleme durch die Praxis sehr viel Einsicht gewonnen haben. Durch den Umgang mit ihnen wird die Urteilskraft der Leser in nicht geringem Maße etwa so gefördert wie, wer in der Sonne herumläuft, gebräunt wird. Denn gewöhnlich legt man den Jugendlichen jeweils ein Beispiel einer gelungenen Formulierung und treffenden Beurteilung vor, damit sie daraus die Leistung der Wörter, den Aufbau des Textabschnittes und die rhetorischen Figuren lernen. Denn wie bei anderen Künsten ist auch beim sprachlichen Formulieren die Nachahmung förderlich. Es ist unwahrscheinlich, daß Apelles die Malerei um so viel reizvolle Anmut hätte bereichern

potuisse, nisi fingendorum lineamentorum rationem multo
ante ostendissent ii, qui primum μονοχρώματα, deinde et
κατάγραφα pinxerunt. Sic et ex optimis scriptoribus concipienda est certa quaedam et dicendi et iudicandi ratio καὶ
ἰδέα, quam sequaris, quacumque de re disserendum
fuerit.
Proinde qui disertos scriptores in manibus habent, secum
expendant, quod in quovis potissimum mirari, laudare
imitarique deceat. Primi omnium sunt, ad quos cognoscendos in vitatur iuventus, poetae atque historici; quos qui
voluptatis tantum causa perinde atque in conviviis citharistrias arcessunt, ne illi summorum hominum aestimationem
graviter laedunt. Nam et prodesse illi voluere et bonas
mentes optima potissimum delectant. Est ita ab illis et
dicendi forma petenda et observandum, quid de communibus rebus fere iudicaverint.
Saepe ridere soleo Graecorum grammaticorum vulgus, qui
ad physiologian totum Homeri carmen referunt mireque sibi
placent, cum nova metamorphosi belli nugatores ex Iove
aethera, ex Iunone aerem faciunt, quae ne per febrim quidem
unquam somniaturus erat Homerus. Quanto satius fuerat ea
ostendi, quae ille lectoribus proprie admirationi esse voluit,
proprietatem ac lucem in explicando, carminis οἰκονομίαν,
cum varia consilia, varios casus miro ordine recenset, cum
aptas occasiones novis eventibus accommodat, quanta decori
servandi cura, quanta sit item verborum ac figurarum copia
varietasque iis locis, in quibus detineri lectorem volebat.
Vides, quam minime frigida sit aut ieiuna seditionis descrip-

können, wenn nicht lange vorher diejenigen die Art der Linienführung aufgezeigt hätten, die zuerst in einheitlicher Farbe und dann mit Tiefenschattierungen malten. So muß man auch den besten Schriftstellern eine bestimmte Ausdrucks- und Denkweise entnehmen, ein Vorbild, dem man bei Äußerungen über ganz unterschiedliche Gegenstände nacheifert.

Wer also verschiedene stilistisch gelungene Werke in der Hand hat, möge sich überlegen, was ihm bei einem jeden dieser Schriftsteller der Bewunderung, des Lobes und der Nachahmung wert erscheint. Die ersten, deren Bekanntschaft zu machen die Jugendlichen eingeladen werden, sind die Dichter und die Historiker. Wer sie nur zum Vergnügen wie bei einem Gelage die Musiker herbeiholt, verletzt und mißachtet fürwahr diese großen Männer sehr. Denn sie wollten von Nutzen sein; den Verständigen erfreut das Beste am meisten. So soll man ihnen sowohl die Art der Formulierung entnehmen, als auch darauf achten, welcher Auffassung sie zu allgemeinen Fragen sind.

Oft mache ich mich über den Haufen der griechischen Philologen lustig, welche die gesamte Dichtung Homers auf die Naturlehre beziehen. Diese unfreiwilligen Spaßmacher gefallen sich ganz wunderlich darin, durch eine Art neuer Metamorphose, aus Jupiter Äther und aus Juno Luft werden zu lassen. Davon hätte sich Homer nicht einmal im Fieber träumen lassen. Wieviel besser wäre es gewesen, die Qualitäten herauszustellen, auf die er die Bewunderung seiner Leser richten wollte: die klare Entfaltung der Dichtung, ihren Aufbau, die wunderbare Ordnung in der er verschiedene Entscheidungen und Wechselfälle aufführt, die Art, wie er neue Ereignisse mit den geeigneten Anlässen verbindet, seine Sorgfalt bei der Wahrung des Schicklichen, die Fülle der Wörter und Wendungen, die reiche Vielfalt an den Stellen, an denen der Leser besonders verweilen soll. Wie aufregend und lebhaft wirkt doch die Beschreibung des

tio in secundo Iliados. Nam et motus eius occasionem et ipsum vulgi furorem et seditiosas quorundam contiones, qui multitudini frigidam, quod aiunt, suffundebant, et Thersitae mores morumque argumentum, formam, duas item gravissimas eorum orationes, qui multitudinis animos sedabant, in quibus vehementior est Ulyssea, lenior Nestorea, bone deus, quam perspicue, quam graviter tractat, nec recte dicendi archetypum facile usquam reperias hoc loco absolutiorem, cuius elegantiam virtutesque omnes is demum propius cernet, qui imitari et exprimere stilo conabitur. Cave enim putes Homerum temere a M. Cicerone plane oratorem vocari aut inconsulte scripsisse Fabium excellere hunc poetam oratoriis omnibus virtutibus. Iam quae scaena res humanas verius repraesentavit quam Homeri carmen, ut fieri nequeat, quin obiter et rerum admiratione tangamur, cum dictionem consideramus. Offerunt sese ultro spectanda morum exempla, principum vulgique affectus, varia rerum gestarum consilia; quibus nisi erudiri animos Arcesilaus sensisset, numquam amasium suum Homerum vocasset. Mihi quidem omnium, quae hominum ingenia peperere, nullum prudentius Homerico scriptum exstare videtur. Nec dubitarim affirmare, quod Horatius censuit, Homerum, quid rectum, quid utile sit, melius Chrysippo et Crantore docere. Quaeso, qui potuit regum temeritas festivius notari, quam cum fingit somnio commotum Agamemnonem uni-

---

1 *Ilias* II,101 ff.
2 Arkesilaos (um 316–241) war von 268–264 Leiter der Akademie. Er war ein glänzender Redner, hinterließ jedoch kaum Schriftliches. Mit ihm dringt

Aufruhrs im zweiten Buche der *Ilias*.[1] Mit welcher Deutlichkeit und Würde spricht er doch vom Anlaß dieser Bewegung, vom Wüten der Menge und den Reden derer, die ihr
zusetzten, vom Charakter des Thersites, seinen Reden und
seinem Aussehen, von den bedeutungsschweren Worten
derer, die die Menge zu beruhigen trachteten, von den
heftigen des Odysseus und den etwas gemäßigteren Nestors.
Guter Gott, nicht leicht dürfte man das Muster einer Rede
finden, das diese Stelle an Vollendung übertrifft. Ihre Schönheit und all ihre Vorzüge wird der um so deutlicher wahrnehmen, der sie mit eigener Feder und Formulierung nachzuahmen versucht. Man glaube bloß nicht, Homer werde
nur so leicht hin von Cicero ein Redner genannt, oder
Fabius habe unbedacht geschrieben, diesen Dichter zeichne-
ten alle rhetorischen Fähigkeiten im höchsten Maße aus.
Welche Bühne hat je Vorgänge des menschlichen Lebens
wahrer dargestellt als die Dichtung Homers. So ist es
unmöglich, nicht gleichsam beiläufig von der Bewunderung
des Inhalts berührt zu werden, wenn man sich mit der
Ausdrucksweise beschäftigt. Obendrein bieten sich der
Betrachtung Beispiele menschlichen Verhaltens, Regungen
führender Persönlichkeiten und des gemeinen Volkes, und
unterschiedliche Vorsätze beim Handeln dar. Wäre Arkesilaos[2] nicht von ihrem Bildungswert überzeugt gewesen,
dann hätte er Homer nie als seinen »geliebten Freund«
bezeichnet. Unter allem, was menschliches Genie hervorgebracht hat, gibt es meiner Meinung nach nichts, was das
Werk Homers an geistigem Reichtum übertrifft. Ohne
Zögern möchte ich mit Horaz behaupten, Homer lehre das
Rechte und Nützliche besser als Chrysipp und Krantor. Wie
hätte man, bitte sehr, die Unbesonnenheit von Königen
witziger darstellen können als in der Szene, in der er Aga-
memnon unter dem Einfluß eines Traumes das ganze grie-

---

der Skeptizismus in die Akademie ein. Weder sinnliche Wahrnehmung noch
Denken liefern Gewißheit. Grundlage des Handelns ist das »Plausible«
(εὔλογον).

versum exercitum Graecum in discrimen adducere? Constat enim, quam ob frivolas causas nonnumquam omnia misceant principes. Quid in Achillis clipeo? Nonne rerum elementa et clarissima sidera, praeterea horum positus etiam ac meatus graphice descripsit, unde postea et philosophi dimetiendi caeli rationem accepere? Nam et eodem loco circumagi Arcton inquit nec umquam occidere et e regione illi oppositum esse Oriona: qua sententia bonam astronomiae partem complexus est. Quid, quod ibidem et pacis commoda et belli aerumnas inter se confert, cum duas urbes, alteram pace florentem, alteram bello vastam depingit, quo magis invisum, opinor, bellum rem perniciosissimam optimo cuique faceret? In pacata urbe nuptiis locus est, exercentur iudicia, aguntur causae, admirationi sunt oratores. In altera iugulantur liberi, silent leges, mutum est forum, postremo miseranda est omnium civilium rerum vastitas. Quid cedo potuit hoc commento excogitari prudentius?

Neque enim plures Homeri locos hic attingere visum est. Tantum hos indicavi, ut studiosis adulescentibus fidem facerem bonorum scriptorum cognitione non os tantum ac linguam, sed pectus etiam formari. Id opinor in consilio quondam Graecis fuit, cur Homerum familiarissime notum esse suis hominibus voluerint. Solon enim et Pisistratus lege constituerunt, ut illius carmen ordine digereretur. Nam aureo illo saeculo adhuc suarum partium principes esse

chische Heer gefährden läßt? Denn bekanntermaßen bringen
doch Fürsten manchmal aus nichtigen Gründen alles durcheinander. Was zeigt der Schild des Achilles? Hat Homer
nicht die Urgebilde und die hellsten Sterne, dazu ihre Stellung und ihre Bahn so anschaulich beschrieben, daß sich
auch Wissenschaftler bei ihren Himmelsbeobachtungen
danach richten konnten? Denn er hat schon darauf hingewiesen, daß sich der Bär um die gleiche Stelle bewegt,
niemals untergeht und dem Orion gegenübersteht. Damit
hat er einen beträchtlichen Bereich der Astronomie erfaßt.
Im gleichen Zusammenhang vergleicht er die Vorteile des
Friedens und die Lasten des Krieges, indem er uns zwei
Städte vor Augen malt, deren eine der Friede blühen und
deren andere der Krieg darniederliegen läßt. Wie hätte er
den Krieg, der den Besten das größte Verderben bringt,
verhaßter machen können? In der friedlichen Stadt werden
Hochzeiten gefeiert, Urteile gesprochen, Prozesse geführt
und die Redner bewundert. In der anderen werden Kinder
erwürgt, gelten die Gesetze nichts, ist die Rechtssprechung
verstummt und endlich das Darniederliegen des gesamten
öffentlichen Lebens zu bedauern. Was hätte man, möchte
ich wissen, Klügeres ausdenken können, als diese Dichtung?
Ich will darauf verzichten, noch auf weitere Stellen bei
Homer zu sprechen zu kommen. Ich habe diese nur ange-
führt, um der bildungseifrigen Jugend deutlich zu machen,
daß die Kenntnis guter Schriftsteller nicht nur für die Sprache, sondern auch für Geist und Seele förderlich ist. Das war
meiner Ansicht nach der Grund, warum die alten Griechen
auf die Vertrautheit mit Homer so großen Wert legten.
Solon und Pisistratus[3] bestimmten in einem Gesetz, die
Einzelteile seiner Dichtung in die rechte Ordnung zu bringen. Denn in diesem Goldenen Zeitalter rechneten die füh-

---

3 Peisistratos war ab 561 mit Unterbrechungen bis zu seinem Tode 528 Tyrann
  von Athen. Unter Beibehaltung der timokratischen Verfassung führte er
  soziale Reformen zugunsten der Kleinbauern und Arbeiter durch.

sentiebant praestare, ne quod utile scriptum intercideret.
Nunc regium nihil est, nisi idem sit ἄμουσον. Mox institutum est, ut a rhapsodis seu Homeristis publice in theatris
decantaretur Homericum poema, ut divino carmine
iuvenum aures assiduo personarent essetque semper in
promptu recte dicendi iudicandique regula.

Felicissime cum Homero certavit ex Latinis Vergilius, planeque par, nisi fallor, utrique laus, sive dictionem spectes sive
sententiarum gravitatem, debetur. Quid tragici, quam multis
exemplis tyrannorum mores et fata proposuere? Quid
comoedia nisi privatae vitae speculum? In universum quid
praestare studiosis poetica possit, indicavit Fabius. Ego figurarum copiam praecipue nostrae orationi suppeditare video
varietateque rerum animos tum erudire tum delectare.
Historia iudicium formari dicendique facultatem augeri
Demosthenes censuit, cum Thucydidem adeo. familiarem
sibi fecit, ut octies etiam descripserit. Amavit et Xenophon-
tem Cicero. Et cum universa historia πολιτεία quaedam sit,
varias constituendarum rerum publicarum formas adumbrat.
Nam ut hic nihil aliud dicam, quid admirabilius est τῶν
πολιτειῶν collatione apud Herodotum, ubi Persarum satra-
pae alii δημαρχίαν, alii ὀλιγαρχίαν, alii μοναρχίαν probant? Quo loco vides gravissimum scriptorem morbos
omnes vitiaque civitatum velut in tabula depinxisse. Verum
nemo tam imprudens est, qui non hoc consilio animadverterit conscriptas esse historias, ut omnium humanorum officiorum exempla tamquam in illustri posita loco cernerentur.

renden Persönlichkeiten zu ihren Aufgaben noch die Sorge
dafür, daß kein nützliches Literaturwerk verloren ging.
Heute gilt nur noch das Amusische als königlich. Bald
bildete sich die Sitte heraus, die homerische Dichtung
öffentlich von ›Rhapsoden‹ oder ›Homeristen‹ in den Thea-
tern vortragen zu lassen, damit dieses göttliche Lied den
jungen Menschen ständig in den Ohren klinge und sie es
stets als Richtschnur rechten Redens und Denkens bereit-
hielten.
Bei den Lateinern trat Vergil mit Homer in einen glücklichen Wettstreit ein. Sowohl im Blick auf die Ausdrucksform
als auch die Würde des Inhalts verdienen beide, irre ich mich
nicht, ganz die gleiche Wertschätzung. In wie vielen Beispielen stellen uns die Tragiker den Charakter und das Schicksal
der Tyrannen vor Augen! Was ist die Komödie anders als ein
Spiegel des privaten Lebens? Insgesamt hat Fabius aufgewie-
sen, welchen Wert die schöne Literatur für die hat, die sich
eifrig mit ihr beschäftigen. Für mich ist deutlich, daß sie
unseren Sprachgebrauch mit einer Fülle von Wendungen
bereichert, und uns durch ihre inhaltliche Vielfalt sowohl
bildet als auch erfreut. Demosthenes war der Ansicht, die
Geschichte bilde die Urteilskraft und steigere die Sprachfähigkeit. Er machte sich Thukydides dadurch ganz und gar
vertraut, daß er ihn achtmal abschrieb. Xenophon wurde
auch von Cicero geschätzt. Da die gesamte Geschichte eine
Art Gemeinwesen darstellt, deutet sie uns eine Vielfalt von
Verfassungsformen an. Nur ein Beispiel sei hier erwähnt:
Was verdient mehr Bewunderung als der Vergleich der
Staatswesen bei Herodot, bei dem einige der persischen
Satrapen auf die Demokratie, andere auf die Oligarchie,
wieder andere auf die Monarchie weisen? An dieser Stelle
hat dieser ernsthafte Schriftsteller alle Krankheiten und Fehler staatlicher Organisation wie auf einem Gemälde darge-
stellt. Keinem Verständigen kann entgehen, daß geschichtliche Abhandlungen in der Absicht verfaßt sind, menschliches
Wirken jeder Art an besonders hervorgehobenen Beispielen

Quae si nihil ad erudiendos excitandosque mortalium animos conducunt, quid fuit, cur Scipio senserit se clarorum
virorum imagines intuentem ad virtutem accendi?
Oratores cum respublicas administrarint et in iudiciis versati
de iure, aequo ac bono tam multa disseruerint, consentaneum est pleraque utiliter monere. Quis enim philosophiae
moralis locus est, quem non attigerint Demosthenes ac
Cicero? Optimam πολιτείαν nemo philosophorum sic ἐζω-
γράφησε atque illi in actionibus suis, cum in improbos ac
seditiosos cives tamquam ferrum stilum stringunt, cum
adversus hostilem vim respublicas consilio muniunt. Quid
de pace popularius veriusque excogitari potuit, quam quod
in ea oratione, qua legem agrariam dissuadet, Cicero dixit?
Quid civilius ea legum praedicatione, quam ex Demosthe-
nica oratione κατ' 'Αριστογείτονος iurisconsulti in suos
commentarios transtulere? Sed quorsum attinet hic prolixius
scriptorum ἐγκώμιον texere?
Quin ipsi periculum facite, quid ex classicis quisque prae-
stet, quanta perspicuitate gratiaque omnia explicet, quam
prudenter omnia colligat, quae ad institutum pertinent. Nisi
enim ad horum imitationem te componas, prorsus despe-
randa est recte dicendi iudicandique facultas.
Superest, ut iudicemus et alteram causam, cur eloquentiae
studiis iudicium acui statuerimus. Id vero fit, quod bene
dicendi cura per sese vegetiorem animum reddit, ut quid in
quaque re maxime conveniat aut prosit, rectius perspiciat.
Nam ut corporum robur exercitio confirmari videmus, ita
fieri nequit, quin hebescant eorum animi, qui nullo inge-
nioso labore excitantur. Nemini dubium est, quin multum

zu veranschaulichen. Wenn sie der Einsicht und rechten Einstellung nicht förderlich wären, warum hätte dann Scipio der Meinung sein sollen, er werde, indem er die Bilder berühmter Männer betrachte, zur Tugend entflammt?

Es leuchtet ein, daß Redner, die sich von ihrer Erfahrung in Verwaltung und Gerichtswesen her über rechtliche und ethische Fragen äußern, viele nützliche Lehren wiedergeben. Welches moralphilosophische Thema hätten etwa Demosthenes und Cicero nicht berührt? Das beste Staatswesen hat kein Philosoph so lebendig wie sie in ihren Reden gezeichnet, worin sie gegen ruchlose und aufrührerische Bürger gleichsam den eisernen Schreibstift zücken und den Staat gegen die Gewalt seiner Feinde durch gute Ratschläge verteidigen. Was hätte man über den Frieden ausdenken können, das mehr den Interessen des Volkes und der Wahrheit entspricht, als das, was Cicero in seiner Rede gegen das Ackergesetz sagt? Wo kommt bessere Staatsgesinnung zum Ausdruck als in dem Lobpreis auf die Gesetze, den die Rechtsgelehrten aus der Rede des Demosthenes gegen Aristogeiton in ihre Kommentare übernommen haben?

Aber was bringt es, hier die Schriftsteller weitschweifig zu loben? Macht vielmehr selbst die Erfahrung, was ein jeder Klassiker beiträgt, wie durchsichtig und stilvoll er seine Gedanken entwickelt, wie geschickt er alles zusammenstellt, was seinem Vorhaben dient. Wer sich nicht um ihre Nachahmung bemüht, kann die Hoffnung, sich richtig ausdrükken und denken zu lernen, gleich aufgeben.

Es bleibt noch die andere Begründung für die Behauptung zu nennen, durch rhetorische Studien werde die Urteilskraft geschärft. Dies geschieht dadurch, daß die Bemühung um guten sprachlichen Ausdruck an sich die Geisteskräfte so auffrischt, daß man bei allem das Passendste und Nützlichste besser wahrnimmt. Denn wie allem Anschein nach der Körper durch Übung gekräftigt wird, so müssen die Geisteskräfte derer abstumpfen, die sie nicht durch anspruchsvolle Betätigungen anregen. Niemand zweifelt daran, daß

conducat bonorum scriptorum lectio. Verum nisi ad illam scribendi dicendique consuetudo accesserit, neque perspicere satis acute poteris illorum sententias ac virtutes neque animo certam iudicandi commentandique regulam concipere. Propterea ad comparandam tum loquendi tum iudicandi facultatem nihil perinde necessarium est atque stili exercitium. Quid enim aliud volebat Afranius, cum fingeret usu patre sapientiam prognatam esse quam assiduo dicendi commentandique studio animum expergefieri atque erudiri? Reliquit in eam sententiam dignam memoria posteritatis vocem Anaxagoras, τήν χεῖρα σοφίας αἰτίαν εἶναι, quod videbat artes omnes usu comparari otioque ingenia fere sterilescere.

Nam ut mechanicas artes experiendo discimus neque quisquam tam demens est, qui se mox Apellen fore confidat, ubi penicillum primum in manus acceperit, ita multo usu assuefacienda mens est, ut sese acrius in omnia intendat. Itaque tantum stilo tribuit M. Cicero, ut optimum et praestantissimum dicendi effectorem ac magistrum esse scripserit, solitusque sit per otium alias e Graecis Latina facere, alias nova cudere, alias declamare; qua industria et ingenii vim ac vigorem tuebatur et locupletabat facundiam. Sic enim de se ipse in Bruto, ne quid temere comminisci videar: nos autem non desistebamus cum omni genere exercitationis tum maxime stilo nostrum illud quod erat augere, quantumcunque erat. Demosthenes aliquamdiu meditandae orationis

die Lektüre guter Schriftsteller sehr nützt. Wenn man sich aber nicht zusätzlich ans Schreiben und Reden gewöhnt, durchschaut man weder klar genug ihre Aussagen und sprachlichen Qualitäten, noch gewinnt man für eigene Urteile und Erläuterungen eine genaue Richtschnur. Zur Förderung der eigenen Sprach- und Denkfähigkeiten ist deshalb nichts so notwendig wie die Betätigung des Schreibstiftes. Was meinte Afranius[4] mit seinem Bild vom übenden Gebrauch als Vater der Weisheit anderes als daß die geistigen Kräfte durch die ständige Mühe des Nachdenkens und des Formulierens geweckt und gebildet werden? Anaxagoras hat dazu der Nachwelt den denkwürdigen Ausspruch hinterlassen: »Die Hand ist die Ursache der Weisheit«, weil seiner Beobachtung nach alle Kunstfertigkeit durch Übung erlangt wird und Untätigkeit den Geist unfruchtbar werden läßt.

Denn wie wir handwerkliche Fähigkeiten durch die Erfahrung lernen und niemand das törichte Vertrauen hegt, er werde gleich ein Apelles sein, sowie er erst einmal den Pinsel in die Hand genommen hat, so muß auch das Denken durch lange Übung daran gewöhnt werden, sich allem immer eindringlicher zuzuwenden. Cicero geht so weit, den Schreibstift als den besten und hervorragendsten Erzeuger und Lehrer der Redekunst zu bezeichnen. In seiner Freizeit pflegte er, das eine Mal aus dem Griechischen ins Lateinische zu übersetzen, ein anderes Mal neue Texte abzufassen, wieder ein anderes Mal Reden zu halten. Durch solchen Fleiß erhielt er sich seine geistigen Kräfte und bereicherte seine Redegewandtheit. Damit niemand meint, ich dächte das hier einfach nur so aus: Er selbst sagt dies von sich in seinem *Brutus*: »Wir ließen nicht ab, durch jede Art von Übung, besonders mit dem Schreibstift, was immer in uns gewesen sein mag, zu vermehren.« Demosthenes zog sich

---

4 Afranius war ein bedeutender Vertreter der *comoedia togata*, welche Figuren aus dem römischen Alltag in den Mittelpunkt stellte, in der 2. Hälfte des 2. Jh.s v. Chr. Bekannt sind 44 Titel, erhalten etwa 400 Verse.

causa se in specum quendam abdidit, feruntque pertinacis-
sime fraudato genio lucubrare solitum, estque Plutarchus
auctor lucernis noctu usum esse assiduis, donec quinquage-
simum annum attigit. Didicerunt enim usu prudentissimi
homines, quam non vulgaris artificis sit dilucide apteque
dicere. At ex nostris iuvenibus quotusquisque vel perpetuo
decennio unum aliquem versiculum scribere instituit? Plerique compendiariam viam ad consequendam eruditionem
esse censent, si quam plurima audierint aut legerint. Itaque
alii totos dies sursum ac deorsum currunt, scholas omnes
perreptant, praeceptores passim audiunt miranturque non
intellectos, dictata excipiunt, uncialibus litteris elenchos
commentariorum notant, minio illustrant. In pretio sunt
interpretes, qui quam plurima dictando tempus extrahunt,
nec quisquam semisse praeceptorem emerit, qui ab hac
consuetudine vel transversum unguem discesserit. Rursum
alii domo nusquam pedem proferunt librisque se tamquam
pistrino cuidam addicunt, chartas volvunt ac revolvunt,
beatos se putant, ubi cottidie magnum numerum chartarum
percurrerint. An non utrique miseri videntur, cum tanto
labore tantaque valetudinis iactura desipere tantum discant?

Primum enim nisi stilo excitetur animus, per sese hebescit,
deinde cum immodica se vel auscultatione vel lectione obru-
unt, ingeniorum aciem, si qua contigit, obtundunt. Iam et
iudicii inopia fit, ut fere pessima quaeque cupidissime
audiant ac legant, ne non multa pervagentur. Quos si quis
ceu domum revocatos interroget, quid hac discendi ratione
sequantur, quis finis, quae meta animo proposita sit, intelle-

eine Zeitlang, um Reden zu überdenken, in eine Höhle zurück. Mit großer Strenge gegen sich selbst soll er Nächte hindurch gearbeitet haben. Nach Plutarch hatte er bis zu seinem fünfzigsten Lebensjahr nachts ständig Öllampen brennen. Solch kluge Männer haben an sich selbst erfahren, daß mehr als gewöhnliche Kunstfertigkeit dazu gehört, sich klar und sachgemäß auszudrücken. Aber wieviele von unseren Jugendlichen machen sich selbst nach langen zehn Jahren daran, auch nur einen kleinen Vers zu schreiben? Die meisten halten es für einen Abkürzungsweg zur Bildung, wenn sie möglichst viel hören oder lesen. Deshalb laufen sie ganze Tage hinauf und hinunter, quälen sich durch alle Schulen hindurch, hören sich durcheinander alle möglichen Lehrer an und bewundern die, die sie nicht verstehen, notieren, was sie ihnen vorsagen, schreiben die Überschriften kurzer Inhaltsangaben mit besonders großen Buchstaben und verzieren sie mit Zinnober. In besonderem Ansehen stehen bei ihnen die Ausleger, die möglichst viel Zeit mit Diktieren vertun, und keiner gibt auch nur ein paar Pfennige für einen Lehrer aus, der von dieser Gewohnheit auch nur einen Fingerbreit abweicht. Andere wiederum gehen nie einen Schritt aus dem Haus, verschreiben sich ihren Büchern wie einer Mühle, wälzen Unmengen Papier hin und her und schätzen sich glücklich, wenn sie täglich zahlreiche Seiten durchlesen. Kommen einem solche beide Gruppen recht elend vor, die soviel Mühe aufwenden, ihre Gesundheit aufs Spiel setzen und dabei doch nur das Denken verlernen?

Wird der Geist nicht durch den Schreibstift angeregt, dann erschlafft er. Wer sich durch übermäßiges Zuhören oder Lesen belastet, stumpft seine vielleicht vorhandene Gedankenschärfe ab. Es ist ein Zeichen fehlender Urteilskraft, wenn jemand alles mögliche minderwertige Zeug begierig anhört oder liest, um nicht zu wenig Stoff zu durchstreifen. Wenn sie jemand gleichsam zu sich bringt und fragt, worauf sie eigentlich mit dieser Art des Lernens hinauswollten, welches Ziel, welchen Zweck sie dabei vor Augen hätten,

get non aliter ac mente captos, quid agant, nescire. Nec enim
vel sententias vel sermonem scriptorum observant, cum
imitandi cura vacent. Tantum oculis auribusque negotium
faciunt, animus interim Epimenideum quendam somnum
dormit, et cum nullum certum exemplar exprimere studeant,
fit, ut et dicendi et iudicandi ratio depravetur.

Gratulatur sibi Demosthenes apud Athenienses dicturus,
quod ipsi per sese, quae optima sint, cernant. At nos stili
exercitium praedicamus his, qui numquam periculum rei
fecerunt, nec commodorum, quae secum haec exercitatio
affert, vim amplitudinemque vel per transennam viderunt;
quo magis metuo, ne parum fidei habeat oratio nostra, cum
stilo tantum tribuimus. Verum si quis est non plane iniquus
Musis, is apud se expendat, quae veteribus docendi discendi-
que ratio fuerit, qua disciplinae omnes non tantum illustratae, sed etiam auctae sunt. Pauci in ludis litterariis auctores,
sed hi optimi proponebantur, quos imitaretur iuventus. Et
quemadmodum de re rustica praeceptum est, ne maior fun-
dus sit, quam qui coli probe possit, ait enim Vergilius:
Laudato ingentia rura, exiguum colito, sic illi, cum viderent
nec perdisci nec exprimi posse multos feliciter turbaque
scriptorum confundi potius quam erudiri iuvenilia ingenia,
pauciores admittebant, quos sibi studiosi quam familiarissi-
mos facerent. Declamabatur item assiduo, scribebant alii

dann muß er feststellen, daß sie ähnlich wie Verrückte nicht
wissen, was sie tun. Da es ihnen nicht um Nachahmung
geht, achten sie weder auf die Inhalte noch auf die Sprache.
Sie sind nur mit den Augen und den Ohren tätig, während
ihr Geist im Schlaf des Epimenides[5] dahinsiecht. Da sie bei
ihren Äußerungen keinem Vorbild nacheifern, kommen sie
sowohl sprachlich als auch gedanklich herunter.

Als Demosthenes sich anschickt, vor den Athenern eine
Rede zu halten, beglückwünscht er sich selbst, weil seine
Hörer Sinn für Qualität hätten. Wir dagegen heben die
Übung mit dem Schreibstift vor denen hervor, denen dazu
jede Erfahrung fehlt und die die weitreichenden Vorteile
solcher Übungen bisher noch nicht einmal wie durch ein
Gitter wahrgenommen haben. Deshalb möchte ich um so
mehr, daß dieser Rede, in der ich die Bedeutung eigener
Formulierungsversuche so sehr betone, wenig Vertrauen
entgegengebracht werden wird. Wer aber gegenüber den
Musen nicht völlig ungerecht sein will, möge die Lehr- und
Lernformen des Altertums bedenken, durch die alle Fächer
nicht nur zu großem Glanz kamen, sondern auch bereichert
wurden. Nur wenige Schriftsteller fanden in den Schulen
Raum. Es waren jedoch die besten, die der Jugend zur
Nachahmung vor Augen gestellt wurden. Auch in der Landwirtschaft gilt ja die Regel, das zugewiesene Ackerland solle
sich nur so weit erstrecken, wie man es ordentlich bebauen
könne. Heißt es doch bei Vergil: »Man soll die Weite des
Landes bewundern, jedoch nur einen kleinen Teil selbst
bebauen.« Da die Lehrer im Altertum wußten, daß ihre
Schüler nicht gleichzeitig viele Schriftsteller gründlich studieren und auf gelungene Weise nachahmen könnten, sondern durch eine Überzahl eher verwirrt als gebildet würden,
ließen sie nur wenige zu, mit denen sie sich aber im höchsten
Maße vertraut machen sollten. Die Schüler trugen ständig

5 Von Epimenides, einem legendären Sühnepriester und Wundermann um 600
v. Chr. wurden mancherlei spektakuläre Taten und Widerfahrnisse, darunter
sein 57 Jahre während Schlaf in einer Grotte, überliefert.

versus, alii solutam orationem. Et quia inter se bene dicendi
studio certabant, cura sollicitudoque iudicium acuebat. Quo
instituto cum nullum iucundius erat spectaculum, tum nihil
privatim aut publice utilius fieri potuit. Nam ex huiusmodi
ludis prodiere clarissimi superioribus saeculis homines,
Graeci ac Latini, plerique etiam Christiani; quos si imitari
studerent nostri, bone deus, quanto res humanae magis
florerent et sacrae litterae felicius tractarentur. Porro cum
veteres tantum operae in exercendo stilo posuerint, cum nec
eruditio nec eloquentia mediocris citra hoc studium parari
queat, cum intellegi non possint, quae ab aliis prudenter
scripta sunt, nisi ipsi stili usu ingenia excitemus, sinite
quaeso a vobis impetrari, ut stilo nonnunquam vestras vires
experiamini. Rem postulo non perinde difficilem atque salu-
tarem, neque enim aliunde studiis vestris amplior accessio
fiet.

Cudes autem et versiculos et solutam orationem: video enim
putidiuscule dicere, quotquot poeticen non attigerunt,
planeque humi repere nec verborum pondus aut ullam figurarum vim tenere. Iam cum asperas confragosasque compo-
sitiones multo sit facillimum in versibus deprehendere, fit,
ut qui carmen condunt de solutae orationis numeris rectius
iudicent. Et haud scio, an de litteris omnibus actum sit ubi
poetice fastidiri coeperit. Fit enim, ut ornatus splendorque
verborum nullo in pretio sit, minore cura scribatur, oscitantius legantur omnia, rerum inquirendarum studium fri-
geat.
[…]

vor, einmal schrieben sie Verse, ein andermal in Prosa. Da sie miteinander im guten Ausdruck wetteiferten, schärften Eifer und Sorgfalt den Verstand. Kein Schauspiel konnte ergötzlicher sein als diese Einrichtung, nichts in privater oder öffentlicher Hinsicht nützlicher. Denn aus solchen Schulen gingen in den früheren Jahrhunderten die berühmtesten Geistesgrößen hervor, Griechen und Römer, darunter auch viele Christen. Wenn man sich bemühte, diese zu unserer Zeit nachzuahmen, mein Gott, wieviel mehr würde dann das ganze geistige Leben in Blüte stehen und wieviel fruchtbarer wäre dann auch unsere Beschäftigung mit der Hl. Schrift! Wenn also die Alten soviel Mühe auf die Übung im eigenen Formulieren verwendeten und ohne solche Anstrengungen nicht einmal eine mittelmäßige Bildung und Gelehrsamkeit zu erlangen sind, wenn man die Vorzüge fremder Schriften nicht erkennt, ohne sein Verständnis durch die Übung des eigenen Stils angeregt zu haben, dann laßt euch doch dazu bewegen, eure Fähigkeiten immer wieder mit dem Schreibstift zu erproben. Was ich verlange, ist eher förderlich als schwierig. Von keiner anderen Seite kann euren Studien so reicher Gewinn zukommen.

Faßt sowohl Verse als auch Prosastücke ab! Ich bemerke nämlich immer wieder wie höchst langweilig sich diejenigen ausdrücken, die nicht bis zum Dichten von Versen gekommen sind. Sie schleichen stilistisch am Boden entlang, ihre Worte bleiben gewichtlos, ihre Bilder und Wendungen ohne Kraft. Da ein unebener und holperiger Wortlaut bei gebundener Rede leichter auffällt, kann, wer sich im Dichten von Versen versucht, auch Prosarhythmen besser beurteilen. Vermutlich ist es mit der Literatur ganz vorbei, wo die Abneigung gegen die Poesie um sich greift. Dann kommt es nämlich so weit, daß man die gepflegte und glanzvolle Formulierung nicht mehr schätzt, mit geringerer Sorgfalt schreibt, mit gähnender Langeweile liest, und jeder Forschungseifer erkaltet.

[...]

Nec in obscuro est bonis quibusdam viris auxilio fuisse
litterarum scientiam in theologia restituenda. Primum itaque
ingratitudo fuerit caeleste donum aspernari, deinde cum
beneficio litterarum restituta sint sacra, impii simus, si nullam harum rationem habeamus, sine quibus stare res theolo-
gica non potest. Et ut paucis exponam, quid iudicem ad
sacrarum litterarum tractationem conferre linguarum scientiam, non sum in eo errore, ut humani ingenii industria sacra
penetrari statuam. Sunt in sacris, quae nisi monstrante deo
nemo umquam cernat, nec innotescit nobis Christus, nisi
doceat spiritus sanctus. Sic enim Christus ipse inquit a
spiritu se δοξασθῆναι. Verum praeter prophetiam vis verborum cognoscenda est, in quibus tamquam in sacrario
quodam divina mysteria recondita sunt. Quid enim si non
intellecta verba magico more pronunties? Nonne surdo
fabulam? At de sermone iudicare nemo recte poterit, nisi qui
recte dicendi rationem perdidicerit. Quid enim magis pro-
clive est quam verbo aliquo aut schemate falli? Nuper quidam ex magistris nostris cum enarraret ea, quae de Melchise-
dec in Genesi prodita sunt "rex Salem panem ac vinum
obtulit", non animadvertens Salem loci nomen esse, multa
de condimenti vi ac natura disseruit: imposuit enim bono
viro vocum affinitas. Nam oscitantius omnia legunt, qui
ingenium dicendi artibus non exercuere.
[...]
Indicavi paucis, quid ad litterarum profanarum ac sacrarum
tractationem conducat recte dicendi scientia. Nunc vestrum
est cum elegantiore litteratura in gratiam redire eamque

Auch kann nicht verborgen sein, daß literarische Kenntnisse einigen hervorragenden Männern bei der Wiederherstellung der Theologie zustatten gekommen sind. Es wäre also zunächst undankbar, diese himmlische Gabe zu verachten. Da das religiöse Leben mit Hilfe literarischer Bildung erneuert worden ist, wären wir aber auch verantwortungslos, wenn wir nicht auf die Mittel achteten, ohne welche die Theologie nicht bestehen kann. Wenn ich nun in wenigen Worten darlege, wie die Sprachwissenschaft zur Beschäftigung mit der Bibel beiträgt, verfalle ich keineswegs dem Irrtum, behaupten zu wollen, die Glaubensinhalte seien menschlicher Bemühung zugänglich. Vieles davon begreift nur der, dem es Gott erschließt; Christus erkennen wir nur, wenn uns der Hl. Geist lehrt. So hat ja auch Christus von sich selbst gesagt, er sei vom Hl. Geist verherrlicht worden. Nebst der Prophetie muß auch die Bedeutung der Worte erkannt werden, in denen wie in einem Heiligtum göttliche Geheimnisse verborgen sind. Welchen Sinn hätte es denn, unverstandene Worte nach Art der Magie auszusprechen? Wäre das nicht, wie wenn man einem Tauben etwas erzählt? Über die Sprache kann jedoch nur der zutreffend urteilen, der gründlich gelernt hat, wie man sich richtig ausdrückt. Welcher Gefahr erliegt man schneller, als sich in einem Wort oder einer Wendung zu täuschen? Vor einiger Zeit legte einer unserer Lehrer die Worte aus, die in der Genesis über Melchisedek überliefert werden. »Rex Salem panem ac vinum obtulit.« Er bemerkte nicht, daß ›Salem‹ ein Ortsname ist und ließ sich breit über Wesen und Wirkung des Salzes (sal) aus. Der gute Mann war auf die Ähnlichkeit der Wörter hereingefallen. Denn allzu schläfrig lesen die, die sich nicht in den Sprachwissenschaften ausgebildet haben.

[...]

Ich habe in wenigen Worten angedeutet, inwiefern philologische Bildung sowohl bei der Beschäftigung mit weltlicher Literatur als auch bei der mit der Hl. Schrift hilfreich ist. Nun liegt es an euch, euch wieder mit der schönen Literatur

cupide amplecti. Video plerosque intempestive properare ad
graviores, ut vocant, disciplinas, quosdam ad iura discenda,
ad medicinam spes quaestus rapit, alii ad theologiam conten-
dunt, priusquam robur aliquod fecerint in studio artium
dicendi. Qui si suo quaeque ordine aggrederentur, bone
deus, quanto rem felicius gererent? Nunc male tentato com-
pendio ipsi sese morantur.

Fuit apud nos morio quispiam, qui in heri culinam ex more
ligna ferebat. Is solitus est ex infima strue ea revellere, quae
moveri sine magno negotio non poterant. Interrogatusque,
cur id fieret, respondit se difficillimam laboris partem primum confecturum, summa illa facilius moveri nec vidit,
quantum referret singula ordine tollere. Huius mihi persimi-
les videntur, qui fastiditis his artibus ad sublimia provolant.
Nam et augetur discendi labor et incommodius omnia tractantur, cum nondum sint perpoliti primis rudimentis. Deum
immortalem, quam infeliciter cessit maioribus nostris haec
praecipitantia. Nullum genus artium superioribus saeculis
non foede conspurcatum est ab his, qui cum elegantiores
litteras non attigissent, in optimas quasque et gravissimas
disciplinas tamquam in rosas porci irruerunt. Theologia
stultis et impiis quaestionibus prorsus obruta est. Qui philosophiam professi sunt, ne nomen quidem artis satis intellexe-
runt. De iure, aequo ac bono fieri non potuit, ut quicquam
sani comminiscerentur hi, qui elegantioris litteraturae rudes
erant, quod et ipsum disciplinae genus ex mediis humanitatis

anzufreunden und ihr innig verbunden zu bleiben. Immer
wieder muß ich sehen, wie sich die meisten vorzeitig und
viel zu schnell den sog. ernsthafteren Fächern zuwenden.
Die Gewinnsucht treibt die einen zum juristischen Studium
und zur Medizin, andere drängen sich zur Theologie, bevor
sie in den sprachlichen Studien einigermaßen weitergekom-
men sind. Gingen sie alles in der rechten Reihenfolge an,
guter Gott, wieviel mehr Erfolg wäre ihnen dann beschieden! Sie verlieren nun aber gerade dadurch Zeit, daß sie den
Weg ungeschickt abkürzen wollen.

Bei uns lebte ein Schwachsinniger, der gewöhnlich Holz in
die Küche trug. Er riß immer aus den untersten Haufen die
Stücke heraus, die nicht ohne große Anstrengung zu bewegen waren. Als man ihn fragte, warum er dies so handhabe,
antwortete er, er wolle den schwierigsten Teil der Arbeit
zuerst erledigen. Es leuchtete ihm nicht ein, daß die obersten
Hölzer leichter zu bewegen waren und wie sehr es darauf
ankam, die einzelnen Stücke der Reihe nach wegzunehmen.
Ihm scheinen mir all die zu gleichen, die, weil ihnen die
sprachlichen Fächer lästig sind, gleich nach Höherem streben. Denn dadurch wird insgesamt die Lernarbeit vermehrt.
Alles kostet sie mehr Mühe, weil ihnen in den Grundlagen
der Schliff fehlt. Allmächtiger Gott, welche Nachteile hat
doch diese Eile den Generationen vor uns gebracht! Alle
Künste und Wissenschaften sind in den vergangenen Jahrhunderten von denen auf widerliche Weise verunreinigt
worden, die Sprachen und schöne Literatur beiseite ließen
und gleich wie die Schweine in die Rosen in die höchsten
und wichtigsten Fächer eindrangen. Die Theologie wurde
ganz und gar mit dummen und pietätlosen Problemen ver-
schüttet. Die Philosophie wurde von Leuten gelehrt, die
nicht einmal den Namen dieser Wissenschaft einigermaßen
verstanden. In rechtlichen und ethischen Fragen konnten die
auf keinen vernünftigen Gedanken kommen, denen die
schöne Literatur fremd war. Denn auch diese Lehrgebiete
leiten sich ganz von den Bildungsfächern her. Die Rechtsge-

artibus derivatum sit et veterum iurisconsultorum litterae
plenae sint priscae veraeque eruditionis. Neque nunc ego
sermonis spurcitiem tantum in artium professoribus accuso,
sed imprudentiam, a quo se vitio asserere non possunt,
quorum ingenia dicendi artibus non sunt exculta.
Quare non cesso vos adhortari ad elegantiae earumque
artium studium, sine quibus disciplinae reliquae non possunt
non infelicissime tractari, quod a vobis par est ut vel publica
necessitas impetret. Nam ubi disciplinas graviores vitiarit
barbaries, periclitari solent et hominum mores. Est enim
multo verius hoc comparari mores ex doctrina, quam quod
Plato scripsit, ex musicorum cantibus. Dixi.

lehrten des Altertums lassen in ihren Schriften überall die alte und echte Bildungstradition erkennen. Ich werfe hier den akademischen Lehrern nicht nur ihre scheußliche Sprache, sondern auch ihr fehlendes Denkvermögen vor. Gegen solche Mängel können sich die sprachlich und literarisch Ungebildeten nicht behaupten.

Deshalb möchte ich euch unentwegt ermahnen, euch um eine gepflegte Sprache und die Fächer zu bemühen, ohne welche die Beschäftigung mit den übrigen Wissenschaften nur schief laufen kann. Auch die Verantwortung für das öffentliche Leben verlangt dies von euch. Denn wenn Barbarei die wichtigeren Fächer verdirbt, kommen immer auch die Sitten der Menschen in Gefahr. Vielmehr gilt nämlich, daß gute Sitten aus der rechten Lehre kommen als – wie Plato meinte – aus den Gesängen der Musiker. So viel zu diesem Thema.

Oratio de studiis linguae Graecae
(1549)

(III,139–147)

Porro inter linguas Graeca, sive multiplicem doctrinam spectemus, quam Deus per hanc linguam humano generi impertivit, seu suavitatem atque elegantiam, facile primum locum obtinebit. Nam primum huic linguae Deus novum testamentum, hoc est eam doctrinam, cuius ad nos nuntium ac doctorem aeternum filium suum misit, concredidit. Cum enim populus Iudaicus propter ingratitudinem a gratia divina excidisset atque iuxta veterum oraculorum praedictionem gentibus haec mysteria clementiae divinae adnuntianda atque offerenda essent et Graecorum cum natio tum lingua longe lateque tunc Asiam atque Europam occupaverat, voluit Deus hanc linguam eius doctrinae potissimum nuntiam et ministram esse. Ad cognoscendum igitur atque recte intellegendum novum testamentum, quod continet evangelium Christi, omnino opus est huius linguae auxilio. Nam cum et filius Dei, redemptor noster, in hoc libro de rebus caelestibus, de regno patris sui suoque, de aeterna salute nostra ita significanter, ita dilucide contionetur, ut nulla creatura, nullus vel angelus vel homo ita loqui potuerit, et apostoli a Spiritu sancto afflati eandem in dicendo lucem imitari studuerunt et orationem suam ad Christi praeceptoris sui dicendi figuram quam proxime effinxerunt. Multaeque hic sunt voces, multae figurae ac phrases, multae item sententiae, quibus mirabile pondus inest: pleraque enim ex propheticis scriptis deprompta sunt eaque incredibili atque inimitabili verbo et luce atque emphasi reddita, et tota denique oratio spirat reconditam quandam ac divinam sa-

Bildungswert des Griechischen

Unter allen Sprachen erlangt die griechische, ob man nun die vielfältigen Lehrinhalte betrachtet, die Gott durch sie dem Menschengeschlecht übermittelt hat, oder ihre wohlklingende Schönheit, leicht den ersten Rang. Denn zunächst hat Gott dieser Sprache das Neue Testament, d. h. die Unterweisung, als deren Boten und Lehren er seinen ewigen Sohn zu uns sandte, anvertraut. Da nämlich das jüdische Volk wegen seiner Undankbarkeit aus der göttlichen Gnade herausgefallen war, doch nach der Vorhersage der alten Prophezeiungen den Völkern diese Geheimnisse der göttlichen Barmherzigkeit anzukündigen und darzubieten waren und sowohl das Volk als auch die Sprache der Griechen sich weit und breit in Asien und Europa ausgebreitet hatte, sollte nach dem Willen Gottes gerade diese Sprache Botin und Dienerin dieser Lehre sein. Um also den Inhalt des Neuen Testaments, welches das Evangelium Christi enthält, zu begreifen und recht zu verstehen, ist man auf die Hilfe dieser Sprache angewiesen. Denn da der Sohn Gottes, unser Erlöser, in diesem Buch von himmlischen Dingen, von seines Vaters und seinem Reich, von unserem ewigen Heil so bedeutungsvoll, so klar kündet, daß kein Geschöpf, kein Engel oder Mensch so hätte sprechen können, bemühten sich unter dem Einfluß des Hl. Geistes auch die Apostel darum, in ihren Reden diese Klarheit nachzuahmen und lehnten sich in ihrer Predigt möglichst nahe an die Sprachform ihres Lehrers Christus an. Hier gibt es viele Wörter, Wendungen und Ausdrücke, viele Sätze von wunderbarer Bedeutungsschwere. Das meiste ist den prophetischen Schriften entnommen. Die Wiedergabe ist, was Wortlaut, Klarheit und Tonlage anlangt, unschätzbar und unnachahmlich. Die Art der Sprache atmet eine verborgene und göttliche Weisheit.

pientiam. Non vulgariter certe eruditus grammaticus a me censebitur, qui novum testamentum poterit, saltem grammatice, dextre ac recte interpretari et illam sermonis vim atque energiam utcumque explicando assequi.

Huc accedit, quod haec natio postea quoque primae ecclesiae ac purioris doctrinae doctores atque interpretes complures habuit pios ac sanctos; qui cum historiam primum nascentis ecclesiae fideliter descripserunt tum vero eruditis interpretationibus eandem doctrinam sacram utiliter illustrarunt. Destituuntur igitur et fontibus ipsis et sinceriore explicatione multarum huius doctrinae partium, qui ope linguae Graecae destituuntur. Nam quod ad versiones attinet, vidimus, quanta miseria sit, si quis illis solis niti cogatur. Nam praeterquam quod vix fieri potest, ut sententia ubique eadem felicitate ac perspicuitate in alienam linguam transfundatur, multa etiam alia incommoda interpretationes sequuntur, fitque saepe, ut vel inter reddendum nativus sensus obscuretur vel in aliam quasi speciem transformetur atque ita pervertatur, ut vix eundum agnoscere possis, et non raro usu venit, ut verius metamorphosin quam interpretationem talem versionem dicere possis: id quod non solum in sacris litteris, sed in aliis quoque disciplinis accidere solet. Quam dulce igitur est, immo vero quanta felicitas est posse cum filio Dei, cum evangelistis et apostolis ipsis, cum divo Paulo absque interprete loqui et veras vivasque audire ac reddere voces! Quod si tantum tribuimus nonnumquam gratiae ac favori alicuius regis aut principis, ut ipsius causa atque ut absque interprete cum eo colloqui possimus, barbaricam aliquam linguam discere non dubitemus, immo vero si turpis lucri spe saepe non una barbarica lingua cum ingenti temporis iactura nec

Als einen ungewöhnlich gebildeten Grammatiker schätze ich den ein, der das Neue Testament wenigstens hinsichtlich seiner sprachlichen Form zutreffend und richtig auslegen kann und der Gewalt seiner Sprache in seinen Erklärungen in einem gewissen Maße gerecht wird.

Zusätzlich gehörten dem griechischen Volk auch danach fromme und heilige Lehrer und Ausleger der reinen Lehre in der frühen Kirche an. Diese schrieben zunächst getreulich die Geschichte der entstehenden Kirche nieder und verdeutlichten zum andern die heilige Lehre in nützlicher Weise durch gelehrte Auslegungen. Wer also auf die Hilfe griechischer Sprachkenntnisse verzichten muß, dem entgehen folglich sowohl die Quellen selbst als auch die ursprüngliche Entfaltung vieler Teile dieser Lehre. Denn was Übersetzungen anlangt, haben wir ja gesehen, welches Elend es bedeutet, wenn sich einer nur auf sie stützen muß. Denn einmal ist es fast unmöglich, eine Aussage in jeder Hinsicht gleich gelungen und deutlich in eine andere Sprache zu übersetzen. Zum anderen sind Übertragungen auch mit vielen weiteren Nachteilen verbunden. Oft wird entweder bei der Wiedergabe der ursprüngliche Sinn verdunkelt oder seiner Art nach verändert und so verkehrt, daß man ihn kaum als den gleichen erkennen kann. Nicht selten kommt es vor, daß man eher von einer Umformung als einer Übersetzung sprechen muß. Dies geschieht vielfach nicht nur bei Schriften religiösen Inhalts, sondern auch in anderen Fachgebieten. Welche Freude bringt es deshalb, ja welches Glück, mit dem Sohn Gottes, mit den Evangelisten und Aposteln, mit dem hl. Paulus ohne Dolmetscher sprechen und ihre wahren und lebendigen Worte hören und wiedergeben zu können. Wenn wir ja schon manchmal die Gnade und Gunst eines Königs oder eines Fürsten so hoch schätzen, daß wir um seinetwillen und um mit ihm ohne Dolmetscher sprechen zu können ohne Zögern irgendeine barbarische Sprache lernen, ja wenn in der Hoffnung auf schändlichen Gewinn sogar mehr als eine Barbarensprache gelernt wird – wir sehen dies

sine vitae periculo discitur (quod a mercatoribus fieri videmus, qui liberos suos peregrinas linguas tenere volunt non
aliam ob causam, quam ut cum illis gentibus postea commercia habere possint, unde aliquid lucri accessurum sperant: ita
leves saepe causae impellunt homines, ut etiam indoctarum
et barbaricarum linguarum cognitionem appetant), quanto
magis aeternae felicitatis ac salutis cura nos incitare debet, ut
linguam omnium dulcissimam et cum tot pulcherrimarum
artium magistram tum vero caelestis doctrinae nuntiam
atque aeternae salutis et tantorum beneficiorum divinorum
conciliatricem amplectamur!

Non absque singulari consilio divino factum est, quod evangelii doctrina, etsi per totum orbem spargi debuit, tamen
huius gentis lingua primum ac potissimum descripta atque
ita ad posteros transmissa est. Cum enim haec lingua iam
ante doctrinam morum, disciplinae et humanitatis, hoc est
legis divinae, contineret, cum optimarum artium vitaeque
humanae summe necessariarum magistra esset, cum rerum
gestarum et historiae mundi ταμεῖον, voluit Deus et hunc
thesaurum per eiusdem linguae ministerium humano generi
impertiri, ut ostenderet inter cetera beneficia sua hoc beneficium vel praecipue expetendum atque amplectendum esse.

Quapropter si fieri posset, optandum foret, ut omnes morta-
les hanc linguam discere ac tenere tantaque commoditate
perfrui possent. Sed quando id vix fieri potest, illi certe,
quos Deus ad litterarum ac doctrinae studium sevocavit, hoc
tantum beneficium divinum neutiquam neglegere debent.
Non mirum enim est infeliciter eos alias doctrinas tractare,
qui hac luce amissa in tenebris versari malunt. Nam videte

bei den Kaufleuten, die für ihre Kinder die Beherrschung von Fremdsprachen aus keinem anderen Grunde wollen, als um dann danach mit den betreffenden Völkern Handel treiben zu können, von dem sie Gewinn erhoffen; solch unbedeutende Gründe veranlassen die Menschen, sogar nach der Erlernung primitiver und unzivilisierter Sprachen zu streben –, wieviel mehr muß uns dann die Sorge für unser ewiges Glück und Heil dazu bewegen, die Anmutigste aller Sprachen liebend zu umfassen, die Lehrerin so vieler schöner Künste und Wissenschaften, die Botin der himmlischen Lehre, die uns das ewige Heil und viele Wohltaten Gottes erlangen läßt.

Es geschah nicht ohne besonderen göttlichen Plan, daß die Lehre des Evangeliums, wiewohl sie über die ganze Welt verbreitet werden sollte, zunächst gerade in der Sprache dieses Volkes niedergeschrieben und dann an spätere Generationen überliefert worden ist. Da nämlich diese Sprache schon vorher die Lehre von einem sittlichen, bewußt gestalteten und wahrhaft menschlichen Leben, d. h. vom Gesetz Gottes, in sich aufgenommen hatte, da sie zur Lehrerin der besten und höchst lebenswichtigen Künste und Wissenschaften geworden war, zum Speicher der Vergangenheit und der Weltgeschichte, wollte Gott diesen Schatz des Evangeliums der Menschheit gerade mit Hilfe dieser Sprache mitteilen, und sie auf diese Weise deutlich auffordern, unter all seinen Wohltaten besonders auch diese zu erstreben und sich zu eigen zu machen.

Deshalb müßte man, wäre es nur möglich, wünschen, daß alle Menschen diese Sprache lernen, sie sich zum festen Besitz machen und diese große Annehmlichkeit gründlich genießen könnten. Wenn dies aber kaum möglich ist, dann dürfen wenigstens die eine solche Wohltat Gottes auf keinen Fall vernachlässigen, die er für die Bemühung um Wissenschaft und Lehre ausgesondert hat. Es ist nicht verwunderlich, daß diejenigen auch auf anderen Gebieten nichts zuwege bringen, die sich nach dem Verlust dieses Lichtes

mirabilem clementissimi Dei bonitatem, providentiam ac
cupiditatem largiendi bona sua hominibus inenarrabilem.
Qui ut quam plurimos homines ad hanc linguam discendam
invitaret, multis eam illecebris, multis invitamentis undique
cumulavit. Primum enim non alia lingua dulcior est, non alia
suaviore sono auribus illabitur, et si verum est, quod Hero-
dotus ait, animum in auribus habitare, non alia certe maio-
rem vim habebit ad demulcendos ac percellendos animos
hominum. Deinde pueris ut crustula blandi dant praeceptores, ut benigni parentes ac propinqui dulciariis aliisque id
genus munusculis pueros ad se invitare solent non aliam
quidem ob causam, nisi quia eos amant et vicissim ab eis
amari atque ipsis benefacere cupiunt, hoc illis volupe est,
hoc maxime delectat, ita Deus, benignissimus pater, multifa-
riis dulcissimarum artium condimentis hanc linguam refer-
sit, ut, dum illas illecebras sectamur, interim etiam doctrinam de paterno ipsius erga nos amore, de oboedientia nostra
erga ipsum deque aeterna salute ac felicitate nostra simul
apprehendamus. Utque cum serenum caelum, cum tempe-
stivum imbrem, cum cibum, cum potum, cum bonam vale-
tudinem, pacem aliaque id genus vitae praesentis commoda
nobis largitur, ab his elementis vult nos progredi ac voluntatem suam, benevolentiam, pietatem et affectum plus quam
paternum erga nos agnoscere, ut deinde et aeterna bona ab
ipso sperare atque petere atque etiam accipere discamus, ita
dum arithmeticae, musicae, doctrinae de motibus caelestium
corporum, de natura rerum, medicinae, morum, legum
atque officiorum civilium aliarumque dulcissimarum artium
doctrinam per hanc nobis linguam suppeditat, ab eadem nos
quoque vult petere doctrinam de aeternis suis bonis, quam
una cum ipsis bonis nobis praecipue cupit impertiri. Nam,

lieber in der Finsternis aufhalten. Seht doch die wunderbare Güte des barmherzigen Gottes, seine Vorsehung und seinen unaussprechlichen Eifer, mit dem er der Menschheit seine Gaben schenken will. Um möglichst viele Menschen zum Lernen dieser Sprache anzulocken, hat er sie mit Reizen und vielen einladenden Merkmalen überhäuft. Zunächst klingt keine Sprache angenehmer, keine dringt mit sanfteren Lauten ins Ohr. Wenn Herodot mit seiner Behauptung recht hat, die Seele wohne in den Ohren, dann hat keine mehr Macht, die Seele der Menschen anzurühren, aber auch zu erschüttern. Wie zum anderen Lehrer den Knaben manchmal Naschwerk geben und liebevolle Eltern und Verwandte die Kinder mit Süßigkeiten und anderen solchen Geschenken zu sich locken, nur weil sie sie lieben und wiederum von ihnen geliebt werden und ihnen Gutes tun wollen – das ist für sie ein Vergnügen und die größte Freude –, so hat Gott, unser überaus gütiger Vater, diese Sprache mit den vielfältigen Köstlichkeiten der schönsten Künste gefüllt, damit wir, während wir diesen Verlockungen nachgehen, dabei immer wieder auch die Lehre von seiner väterlichen Liebe zu uns, unserem Gehorsam ihm gegenüber und unserem ewigen Heil und Glück aufnehmen. Wenn Gott uns heiteres Wetter, Regen zur rechten Zeit, Nahrung, Trank, Gesundheit, Frieden und andere Güter dieses Lebens reichlich schenkt, dann will er, daß wir von ihnen her seinen Willen, sein Wohlwollen, seine Güte und mehr als väterliche Zuneigung zu uns erkennen, damit wir dann auch ewige Güter von ihm zu erhoffen, zu erbitten und auch zu empfangen lernen. Ähnlich verhält es sich mit der griechischen Sprache: Wenn er uns durch sie die Lehren der Arithmetik, Musik, von den Himmelsbewegungen, vom Wesen der Dinge, von der Heilkunst, vom rechten Verhalten, von den Gesetzen, von den Pflichten eines Gemeinschaftswesens und von anderen schönen Künsten zukommen läßt, dann will er, daß wir in ihr auch nach der Lehre von seinen ewigen Gütern suchen, die er uns gleichzeitig mit diesen weltlichen mitteilen will. Denn

ut vere et pie dixit ille, nulla mens humana tam avara et
cupida potest esse accipiendi bona a Deo, quam cupida et
prompta est natura divina ad largiendum. Cum igitur is qui
offert, qui dare cupit effusissime et quidem infinita bona,
praesto adsit et ut accipiamus hortetur, invitet, obtrudat
denique nobis sua dona, quanta fuerit caecitas nostra, quanta
ingratitudo quantisque ea poenis infernalibus digna, si hunc
tantum, tam benignum ac munificum datorem cum suis
tantis donis respuamus?

Sed non dat ille nolentibus ac recusantibus, non dat con-
temptoribus suorum beneficiorum; ut igitur accipiamus,
cupere nos et petere oportet. Et quanto avidius cupiemus,
quanto improbius, immo vero quanto importunius instabi-
mus, tanto plenius illa bona sua in nos effundet. Tunc vero
cupere nos indicabimus, cum caelestem verbi ipsius doctrinam, quae omnium horum bonorum unicum penu est,
sitiemus, cum eam dies noctesque meditabimur in eaque
mentem ac cogitationem iugiter pervolvemus. Atque ut id
recte ac commode facere possimus, cognitionis eius linguae,
qua ea doctrina traditur, nobis opus erit. Nam si filii pii
atque erga patrem εὔστοργοι erimus, nempe linguam pien-
tissimi parentis discere atque etiam imitari et exprimere
studebimus.

Prolixior fui quam volebam in causa minime dubia neque in
praesentia cum illis rixabor, quos vel caeca cupiditas sua vel
error a Satana obiectus vel propria malitia ac furor transver-
sos abripit, ut omnia haec dona divina vel contemnant vel
neglegant vel superbe derideant etiam: satis illi miseri sunt et
poenarum omnium maximam sustinent. Sunt enim oppressi
caecitate, satanico errore, ignoratione et odio Dei atque
aeterna morte, quibus poenis nulla ne apud inferos quidem
atrocior esse potest.

wie einer zu Recht und frommen Sinnes gesagt hat: »Keinen Menschen kann es so heftig danach verlangen, von Gott gute Gaben zu empfangen, wie es ihn seinem göttlichen Wesen nach verlangt, solche bereitwillig zu schenken.« Wenn also der, der überreich und dann noch unendliche Güter geben will, mit seinem Angebot bereitsteht und uns anzunehmen mahnt und einlädt, ja uns seine Gaben fast aufdrängt, wie groß müßte dann unsere Blindheit sein, unsere Undankbarkeit, welch höllischer Strafen wäre sie würdig, wenn wir diesen reichen, gütigen, großzügigen Geber mit all seinen Gaben verachten wollten?

Aber er gibt sie nicht denen, die sich weigern und verschließen, nicht den Verächtern seiner Wohltaten. Damit wir sie empfangen, müssen wir sie begehren und erbitten. Je heftiger unser Begehren ist, je ungestümer, je zudringlicher wir auf ihn einstürmen, um so reicher schüttet er seine Güter über uns aus. Unser Begehren zeigen wir dadurch, daß wir nach der Lehre seines himmlischen Wortes dürsten, die all diese Güter in einzigartiger Weise einschließt, sie Tag und Nacht in unserem Kopf und in unserem Herzen wirken lassen und all unser Denken und Sinnen unablässig damit beschäftigen. Um das auf rechte und passende Weise tun zu können, bedürfen wir der Kenntnis der Sprache, in der diese Lehre überliefert wird. Als ergebene und liebevolle Söhne, werden wir uns bemühen, die Sprache dieses gütigen Vaters zu lernen und uns nach seiner Art auszudrücken.

Ausführlicher, als ich wollte, habe ich mich damit in einer Sache geäußert, die keinerlei Zweifel zuläßt. Ich werde jetzt nicht mit denen streiten, die sich von blinder Gier, satanischem Irrtum oder eigenem boshaftem Wahn dazu hinreißen lassen, all diese Gaben Gottes zu verachten, zu vernachlässigen oder gar hochmütig lächerlich zu machen. Sie sind schon elend genug und erdulden die größte aller Strafen: Blindheit, satanischer Irrtum, Nichtwissen um Gott, Haß gegen ihn und ewiger Tod setzen ihnen zu. Keine Höllenstrafe kann grausamer sein als diese.

Sed quia et de aliis disciplinis mentionem fecimus, quas haec lingua continet, de illis quoque aliquid mihi attingendum videtur. Diximus linguam Graecam magistram et quasi fontem esse non tantum caelestis doctrinae, sed et reliquarum artium ut pulcherrimarum ita et vitae humanae adeo necessariarum, ut non hic aer vel ignis magis necessarius sit. Nam ex qua alia lingua, quae quidem nobis nota esse potest, tu mihi petes omnes paene partes philosophiae? Quae enim alia, ut de his primis artibus dicendi et ratiocinandi iam taceam, habet eruditiores aut illustriores scriptores doctrinae de motibus caelestium luminum, de natura rerum, de valetudine corporum nostrorum ac remediis morborum? Ex qua alia historiam imperiorum et rerum gestarum totius mundi petemus? An non infantes, an non velut in densa caligine rerum versari videbimur, si hac luce destituamur? Ubi enim historia sacrorum librorum desinit, ibi Graeca historia incipit, et manifeste apparet singulari consilio divino ita comparatum esse, ne deesset generi humano continua historia praecipuarum rerum inde usque ab initio mundi unde etiam primordia ac fontes verae religionis investigari ac perspici possent. Haec nulla alia lingua suppeditat: nam qui ex Romanis uberrimus est, Livius, is unius tantum gentis historiam pertexuit. Ceteri partim mutili partim etiam indocti ineptique sunt. Quanti vero referat etiam ad recte iudicandum de sana doctrina religionis, ad erudiendam et confirmandam conscientiam integrum corpus historiae mundi ob oculos habere, id illi norunt, qui in explicandis eius doctrinae controversiis versantur. Certe ingenti luce in omnibus rebus diiudicandis destituemur, si hac antiquitatis notitia

Da ich auch andere Lehrgebiete erwähnt habe, denen diese Sprache als Medium dient, muß ich auch darauf kurz zu sprechen kommen. Wir haben nun gesagt, die griechische Sprache sei die Lehrerin und gleichsam die Quelle nicht nur der himmlischen Lehre, sondern auch der übrigen Künste und Wissenschaften, die für das menschliche Leben so notwendig sind wie etwa Luft oder Feuer. Denn aus welcher anderen uns bekannten Sprache kann man fast alle Teile der Philosophie schöpfen? Welche andere Sprache – dabei will ich von den grundlegenden und logischen Fächern einmal absehen – verfügt über gelehrtere und glänzendere Schriftsteller, welche die Himmelsbewegungen, das Wesen der Dinge, unsere leibliche Gesundheit und Heilmittel gegen Krankheiten behandeln? In welcher anderen Sprache wird uns die Geschichte der großen Reiche und der wichtigsten Ereignisse auf der ganzen Welt zugänglich? Würden wir ohne dieses Licht nicht Kindern gleichen und, was wichtige Dinge anlangt, im tiefen Dunkel bleiben? Wo nämlich die Geschichte der heiligen Bücher aufhört, fängt die griechische Geschichte an. Ganz offensichtlich ist dies durch besonderen göttlichen Ratschluß so, damit dem Menschengeschlecht nicht eine fortlaufende Geschichte der wichtigsten Ereignisse vom Anbeginn der Welt an fehlt, aus der sich die Anfänge und Quellen der wahren Religion erkunden und erfahren lassen. Solche Nachrichten liefert keine andere Sprache. Denn auch Livius, der reichhaltigste römische Historiker, hat nur die Geschichte eines einzigen Volkes gestaltet. Die übrigen bieten zum Teil nur Bruchstücke, zum Teil sind sie auch ungelehrt und albern. Wie wichtig es für die vernünftige Beurteilung religiöser Fragen sowie die Bildung und Stärkung des Gewissens ist, die Weltgeschichte in ihrer Gesamtheit vor Augen zu haben, wissen die, welche sich mit der Klärung religiöser Streitfragen beschäftigen. Sicher fehlt es uns auf allen möglichen Gebieten weithin an Klarheit, wenn wir die Kenntnis der alten Geschichte entbehren müssen. Dabei will ich noch nicht einmal davon

careamus, ut taceam, quod vita humana in universum sine cognitione historiae aliud nihil est quam, ut ille ait, perpetua quaedam pueritia, immo vero perpetua caligo ac caecitas.

Iam quis nescit fontes legum partim ex historia imperiorum et gubernationis, partim ex doctrina de moribus, quam ethicen vocant, oriri ac promanare? Quorum utrumque ex lingua Graeca requirendum esse supra ostensum est. Quid vero aliud est professio iuris absque his philosophiae fontibus quam manca et inerudita quaedam τριβή?

Porro totam doctrinam mathematicam ne quidem aliunde quam ex Graeca lingua petere possumus. Nam versiones quam non sordidae, rudes, incultae tantum, sed saepe etiam perversae sint, videmus. Arabum vero scripta in hoc genere, ut horridiora sunt ac minus integra, ita et erroribus ac magicis superstitionibus referta. Iam de natura rerum, de corporum humanorum temperatura, affectibus, cura ac remediis quos tu mihi scriptores dabis, qui vel plenius id genus doctrinae complexi sunt vel veriores sententias secuti quam Graeci? Nam qui inter Arabes principem locum obtinet, Avicenna, is se Galeni interpretem ipse fatetur esse, atque is ipse ut prodigiosa interpretationum caligine ac paene Cimmeriis tenebris involutus atque oppressus sit, videmus. Quae causa est, ut et sententia eius multis in locis vix accipi atque intellegi possit et ingenia ad dulcius doctrinae genus assuefacta offensa isto horrido ac prodigioso sermone ab eius

reden, daß das menschliche Leben ganz allgemein ohne die Kenntnis der Geschichte, wie einer gesagt hat, nur eine andauernde Kindheit, eine ständige Finsternis und Blindheit ist.

Wem wäre nicht bekannt, daß die Quellen der Gesetze teils aus der Geschichte der Reiche und Regierungsformen, teils aus der Sittenlehre, die man Ethik nennt, hervorsprudeln? Wie oben gezeigt wurde, ist zur Erschließung dieser beiden Gebiete die griechische Sprache nötig. Denn auf was anderes würde der Umgang mit Rechtsfragen ohne diese philosophischen Quellen hinauslaufen als auf eine bruchstückhafte und primitive Phrasendrescherei?

Weiterhin wird uns die gesamte Mathematik in keiner anderen als der griechischen Sprache zugänglich. Denn ganz offensichtlich sind die Übersetzungen nicht nur schlampig, holperig und ungepflegt, sondern sie entstellen oft auch den Sinn. Die Schriften der Araber auf diesem Gebiet sind nicht nur allzu gräßlich und verdorben, sondern auch noch voller Irrtümer und abergläubischer Magievorstellungen. Welche Schriftsteller kann man gar zu Fragen der Naturlehre, der Funktionsweise, der Zustände, der Pflege und Heilung des menschlichen Körpers nennen, die sich über dieses Gebiet umfassender oder zutreffender geäußert haben als die griechischen? Denn Avicenna, der unter den Arabern den ersten Rang innehat, bekennt sich selbst als Interpreten Galens. Zudem bemerkt man leicht, welch ein dichter Nebel von Deutungen ihn einhüllt, welch eine fast kimmerische Finsternis[1] ihn zudeckt. Aus diesem Grund sind seine Aussagen an vielen Stellen kaum begreiflich, und an eine weniger mühsame Darstellungsweise gewöhnte Leser nehmen an diesem gräßlich wundersamen Jargon Anstoß und schrecken

---

1 Die Kimmerier waren ein Reitervolk, das im 9. und 8. Jh. v. Chr. vom Norden des Kaukasus aus Unruhe in den vorderasiatischen Raum brachte. Der Ausdruck »kimmerische Finsternis« spielt auf *Odyssee* X,81–86 und XI,14 f. an, wo Homer sie im sonnenlosen Norden am Okeanos und Eingang der Unterwelt lokalisiert.

lectione resiliant. Ceteri Arabes partim iisdem vitiis labo-
rant, partim etiam minus integre et confusius artem tractant.
Nam quae a Latinis scriptoribus prodita posterior aetas
peperit, ea partim ex Graecis scriptoribus sunt petita. Soli
ergo fontes Graeci restant, unde id doctrinae genus pure
plenoque hauriri potest, ut vere dictum sit a Cicerone poste-
ritatem ab illis philosophiam et omnes ingenuas artes habere.
Inter eos vero Galenus primum obtinet locum; qui et ipse,
Deum immortalem, quibus versionum corruptelis contami-
natus, quam misere, quam crudeliter discerptus ac deforma-
tus et quasi magicis venenis ex homine in beluam transfor-
matus fuit! Accipiat aliquis in manus veterem librorum
ipsius μετάφρασιν: non unum versum Galeni agnoscet, ita
barbarico coeno omnia obruta, distorta ac foedata videbit.
Et cum Galeni oratio pura, illustris atque etiam speciosa sit,
hic bovem verius mugire quam hominem loqui dices, immo
vero stridorem sartaginis, non animantis vocem te audire
putes. Unde accidit, ut miseri lectores doctrinae medicae
cupidi diu multumque laboraverint seque, dum in illis spinis
haerent, excruciaverint frustra nec tamen Galeni sententiam
multis in locis, etsi ea plana ac perspicua erat, assequi
potuerint. Peperit ea inscitia linguae, ut solet, multos noxios
errores, quibus haec doctrina multipliciter superiori aetate
contaminata fuit et quibus repurgandis etiam hodie homines
docti non minus occupati sunt, quam Hercules olim in
Augiae stabulo repurgando fuit.
Quam igitur haec duo coniuncta sunt, linguarum atque
elegantioris litteraturae cognitio et pura doctrina veritatis, id
nostro saeculo satis manifeste, ut opinor, apparuit. Statim

von der Lektüre zurück. Die übrigen Araber leiden teils an den gleichen Mängeln, teils handeln sie das Fach auf noch fehlerhaftere und verworrenere Weise ab. Was lateinische Schriftsteller überliefert und spätere Generationen hervorgebracht haben, ist teilweise den griechischen Schriftstellern entnommen. Es bleiben also nur die griechischen Quellen, aus denen diese Lehre in ihrer Reinheit und Fülle geschöpft werden kann. Damit behält Cicero mit seinem Ausspruch recht, spätere Zeiten verdankten ihnen die Philosophie und alle echten Künste und Wissenschaften. Unter den Griechen nimmt Galen den ersten Rang ein. Beim ewigen Gott, wie wurde er doch durch verdorbene Übersetzungen befleckt, wie elend und grausam zerrissen und entstellt, gleichsam durch Zaubersäfte von einem Menschen in ein wildes Tier verwandelt! Es nehme doch einer die spätere Übertragung seiner Bücher zur Hand: Nicht einen Satz Galens kann er mehr erkennen, von barbarischem Dreck überdeckt, verzerrt und in den Schmutz getreten findet er alles vor. Während Galens Sprache rein, klar ja sogar anmutig ist, meint man hier eher einen Ochsen brüllen als einen Menschen reden, eher das Brutzeln einer Pfanne als die Stimme eines lebenden Wesens zu hören. Daher kommt es, daß an seiner Heilkunst interessierte Leser sich lange und schwer bemühen, jedoch, solange sie in diesen Dornen hängen, sich vergeblich quälen und an vielen Stellen die Auffassung Galens, obwohl diese ursprünglich klar und deutlich war, nicht herausbekommen können. Wie gewöhnlich hat die Unkenntnis der Sprache zu vielen schädlichen Irrtümern Anlaß gegeben. Von ihnen wurde diese Lehre in früherer Zeit verunreinigt. Sie in ihrer früheren Reinheit wieder herzustellen, beschäftigt heute die Gelehrten nicht weniger als den Herkules einst die Säuberung des Augiasstalles.

Wie eng die reine Lehre der Wahrheit mit der Kenntnis der Sprachen und der schönen Literatur zusammengehört, hat sich meines Erachtens in unserer Zeit deutlich gezeigt. Sobald nämlich die Sprachen zu neuem Glanz kamen, leuch-

enim, ut linguarum lumen effulsit, simul emicuit purior lux evangelicae doctrinae, et cum omnium ceterarum ingenuarum artium tum vero praecipue medicinae sanior ac sincerior explicatio secuta est. Quapropter etsi verum est, quod Plutarchus ait, doctrinae laudem mereri, non in ore aut lingua, sed in pectore habuisse Musas, attamen res ipsa indicat, quam haec duo certo foedere inter se iuncta sint nec pectus erudiri posse nisi opera ac beneficio linguae. Recte igitur sermo a Platone vocatur seminarium doctrinae. Iam sicut ea, quae ex terra nascuntur, si semen vel ignobile sit vel aliquo vitio corruptum, maligne proveniunt, degenerant messes et plantae, ita cum genus sermonis sordidum, corruptum ac vitiosum est, corrumpitur illo vitio ipsa doctrina quoque, obscuratur, ac saepe pervertitur veritas ipsa. Quod ita fieri non est ut miremur. Non enim aliud est instrumentum magis proprium vel pulchrius universae doctrinae quam oratio pura et perspicua.

Quicumque igitur doctrinam veram solidamque expetunt, hi linguae atque orationis puritatem ac nitorem sibi neutiquam neglegendum esse statuant; verum eam virtutem numquam consequentur, qui linguae Graecae subsidio destituuntur. Nam Latinus sermo quidquid habet elegantiae aut venustatis, id ex Graecis fontibus accersitum est; si demas scriptoribus Romanis lumina Graeci sermonis, quod praeterea emineat, parum erit, ut vere ac recte dictum sit ab Horatio:

> Graiis ingenium, Graiis dedit ore rotundo
> Musa loqui.

Et quam ne Latinam quidem linguam recte tradere vel discere etiam possimus absque Graeca, ut doctorum homi-

tete auch das reine Licht der evangelischen Lehre auf, und es folgte die vernunft- und sachgemäßere Entfaltung sowohl aller übrigen freien Künste als auch besonders der Medizin. Zwar hat Plutarch mit seiner Meinung recht, nach den Musen verdiene nicht der Mund oder die Zunge, sondern das Innere das Lob für Gelehrsamkeit. Doch zeigt sich in Wirklichkeit, wie fest das Bündnis ist, das diese beiden Bereiche zusammenhält, und daß das Innere nur mit Hilfe der Sprache gebildet werden kann. Mit vollem Recht bezeichnet deshalb Plato die Sprache als das Saatbeet der Lehre. Wie die Gewächse der Erde, wenn der Same unedel oder verdorben ist, kümmerlich aufgehen, so daß Pflanzen und Erträge verkommen, so verderben, ist die Sprache unrein, heruntergekommen und fehlerhaft, durch deren Schaden auch die Lehrinhalte; die Wahrheit selbst wird verdunkelt und in ihr Gegenteil verkehrt. Daß dies so geschieht, ist nicht weiter verwunderlich. Denn kein geeigneteres und schöneres Werkzeug gibt es für die Lehre in allen Bereichen als eine reine und deutliche Sprache.

Wem es also in der Lehre auf Wahrheit und Gewißheit ankommt, der muß sich fest vornehmen, unbedingt auf die Reinheit und Deutlichkeit seines sprachlichen Ausdrucks zu achten. Diese Fähigkeit werden tatsächlich die nie erlangen, denen die Unterstützung durch die griechische Sprache fehlt. Denn wieviel Anmut und Gewähltheit dem Lateinischen auch zukommen mag, aus griechischen Quellen ist es ihm zugeflossen. Denkt man sich bei den römischen Schriftstellern den erhellenden Einfluß der griechischen Sprache weg, dann bleibt nur noch wenig Hervorragendes. Recht treffend sagt deshalb Horaz:

> »Den Griechen gab die Muse Talent, den Griechen verlieh sie, in gerundeter Sprache zu reden.«[2]

Wie wenig wir selbst die lateinische Sprache ohne die griechische recht lehren oder lernen können – gelehrte Zeugnisse

2 *Ars poetica* 323 f.

num testimonia de hac re omittam, satis declaravit superioris aetatis, qua Graeca ignota fuit, barbaries. Quae ut per se odiosa ac deformis est, ita multos noxios foedosque errores atque opiniones monstrosas secum in omnes paene disciplinas invexit. Quapropter merito ab ea nunc velut ad suaviorem victum traducti totis animis abhorremus. Nam hoc fere communiter fit, ut cum erroribus et fanaticis opinionibus coniuncta sit orationis confusio ac deformitas. Quam monstrosa, quam distorta est oratio Mahometi in Alcorano: non hominem, immo ne bovem quidem, sed Plutonem ipsum ex infernalibus tenebris boare ac feralem vocem edere putes.

Ut taceam, quod sicut studia abeunt in mores, ita et sermonis vitium plerumque comitantur vitiosi mores et mentis character fere est ipsa orationis forma: quae si peregrina, si distorta vel prodigiose adfectata vel horrida est, non dubium est, quin et consimilis sit sensus, consimiles mores. Quid enim aeque cognatum est ingenio et naturae hominis ut oratio? Ea vero ut non rudis, sed culta et erudita sit, ita consequemur, si linguas studio ac doctrina magnorum hominum expolitas discemus: atque inter eas Graeca haud dubie ceteris omnibus palmam praeripuit. Nam ut nitore, elegantia, venustate ac suavitate facile ceteras vincit, ita doctrinae, humanitatis et omnium ingenuarum artium fons est ac magistra. Neque nos moveat, quod haec tempora bonis tum studiis tum moribus nimio plus infensa etiam huic linguae atque doctrinae minus aequa sunt. Communis haec

dazu will ich einmal weglassen –, hat die Barbarei der uns
vorausliegenden Zeit, in der das Griechische unbekannt war,
deutlich genug gezeigt. Wie diese Barbarei schon als solche
widerwärtig und häßlich ist, so hat sie mit sich auch noch
viele schädliche und schändliche Irrtümer, ja geradezu unge-
heuerliche Vorstellungen in fast alle Lehrgebiete gebracht.
Deshalb verabscheuen wir sie als Menschen, die gleichsam
zu einer kultivierteren Lebensart übergegangen sind, so
recht aus ganzer Seele. Denn fast immer und überall ist eine
verworrene und verbildete Sprache mit Irrtümern und fana-
tischen Meinungen verbunden. Wie widerwärtig und verzerrt ist doch die Sprache Mohammeds im Koran. Nicht
einen Menschen, ja nicht einmal einen Stier, sondern Pluto
selbst glaubt man aus der höllischen Finsternis brüllen und
seine wilde Stimme erheben zu hören.
Davon brauche ich eigentlich gar nicht zu reden: Wie sich
das Gelernte in Lebensart umsetzt, so gehen mit einer
fehlerhaften Sprache meist lasterhafte Sitten einher. Der
Prägung der Gesinnung entspricht die Gestalt der Rede.
Wenn diese fremdartig, verzerrt, seltsam gekünstelt oder
widerwärtig ist, dann gleichen ihr ohne Zweifel Gesinnung
und Lebensführung. Denn was ist dem inneren Wesen des
Menschen in gleichem Maße verwandt wie seine Sprache?
Dahin, daß unsere Sprache nicht ungeschlacht, sondern
gepflegt und gebildet ist, können wir dadurch gelangen, daß
wir Sprachen lernen, die durch die gelehrten Anstrengungen
großer Männer verfeinert worden sind. Unter diesen kommt
ohne Zweifel der Griechischen vor allen anderen der Siegespreis zu. Denn wie sie mit ihrer Genauigkeit, Anmut,
Schönheit und ihrem Wohlklang leicht alle übrigen hinter
sich läßt, so ist sie der Wissenschaft, der menschlichen
Bildung und aller freien Künste Quelle und Lehrerin. Es
braucht uns nicht zu verwundern, daß diese Zeit, die wert-
vollen Studien und rechter Lebensführung allzu feindlich ist,
auch dieser Sprache und den in ihr weitergetragenen Lehren
nicht Gerechtigkeit widerfahren läßt. Dieses Schicksal trifft

est fortuna optimarum rerum; non enim haec tempora aequiora sunt veritati, non aequiora purae doctrinae pietatis, non denique ipsi Deo, conditori rerum omnium ac conservatori. At veteres synodi magna cura linguarum cognitionem in ecclesia conservandam esse censuerunt, quod testantur illis temporibus nata decreta et canones. Haec postrema faex mundi ut veritati ipsi infensa est, ita et organa verae doctrinae odit: vellent omnia recidere ad illud vetus chaos, ut vel inter pecudes saltem regnum obtinere possent. Et urgent hanc aetatem ultimae poenae horribilium peccatorum et postremus furor principis huius mundi ac prope instans dies iudicii divini. Non igitur vulgi iudicia aut temporum iniquitas nos ab optimarum rerum studiis avocare debent. Immo haec ipsa mundi amentia nobis stimulos et calcar addere debet, ut ardentius ac cupidius haec bona persequamur. Non enim aliud praesentius remedium est praesentium et imminentium malorum, non aliud solacium dulcius aut firmius in his temporum asperitatibus. Quam saepe, quam graviter nos reverendus D. Martinus ad studium linguarum hortatus est, et ipse quamvis iam senex Graecam linguam didicit atque in Hebraea ita elaboravit, ut etiam summi apud Iudaeos rabini palmam illi concederent. Vidit enim vir tanto ingenio, doctrina atque iudicio praeditus, quam necessaria ecclesiae esset linguarum cognitio et quam ad veterem vastitatem ac priores tenebras doctrina sacra reditura esset, si linguae neglegerentur.

alles, was gut ist, gemeinsam: Diese Zeit ist weder für die Wahrheit offen noch für die reine Lehre des Glaubens, noch endlich für Gott, den Schöpfer und Erhalter alles dessen, was ist. Nach den Beschlüssen der alten Synoden ist die Kenntnis der Sprachen in der Kirche mit großer Sorgfalt zu bewahren. Dies bezeugen die in jenen Zeiten erlassenen Beschlüsse und Rechtsbestimmungen. Wie aber jetzt der letzte Auswurf dieser Welt der Wahrheit selbst feindlich ist, so haßt er auch die Werkzeuge der reinen Lehre. Am liebsten wäre es ihnen, wenn alles in das alte Chaos zurückfiele, so daß sie wenigstens die Herrschaft über die Tiere erlangen könnten. Diesem Zeitalter setzen die ärgsten Strafen für furchtbare Sünden zu, das letzte Wüten des Fürsten dieser Welt und der nahe bevorstehende Tag des göttlichen Gerichtes. Deshalb dürfen wir uns weder durch die Meinungen des Pöbels noch durch die Ungunst der Zeiten von den Bemühungen um die edelsten Gegenstände abhalten lassen. Ja, der Wahnsinn dieser Welt muß uns sogar zum Stachel und Ansporn werden, mit noch mehr Eifer und Leidenschaft diesen Gütern nachzujagen. Denn kein Heilmittel liegt uns wider die gegenwärtigen und künftig drohenden Übel näher, wir haben keinen besseren und gewisseren Trost in diesen rauhen Zeiten. Wie oft und ernst hat uns doch der ehrwürdige Doktor Martinus zum Sprachenstudium ermahnt. Auch er selbst hat in vorgerücktem Alter die griechische Sprache erlernt und es in der hebräischen so weit gebracht, daß ihm sogar die gelehrtesten jüdischen Rabbiner einen Siegespreis zugestanden. Denn diesem begabten, gelehrten und vernünftig urteilenden Manne war klar, wie wichtig die Kenntnis der Sprachen für die Kirche ist und daß die Theologie in die früheren wüsten und finsteren Zustände zurückfallen würde, wenn die Sprachen vernachläßigt würden.

De laude vitae scholasticae oratio
(1536)

(Corpus Reformatorum XI,298–306)

Duae res sunt, quibus nihil melius ac divinius habet humana
natura, videlicet veritas et iustitia. Harum inquisitio et explicatio commendata est scholis. Nec vero obscurum est, veritatis et iustitiae cognitionem maxime necessariam esse ad
bene vivendum et utilitates ad vitam maximas affere. Non
enim sine doctrina religiones coli, non leges condi aut retineri possunt. Quanto praesidio destituta esset vita, si medicinam nemo disceret aut doceret? Quantis ornamentis
carendum esset, si nemo disceret Mathemata, si nulla temporum discrimina tenerentur, si res veteres et historiae man-
datae literis ignotae essent? Horum commodorum magnitudo vobis quidem, qui in his studiis versamini, nota est.
Quare facile iudicabitis partem Reip. necessariam esse scholas et quidem praecipuas utilitates inde ad communem vitam
pervenire. Quis enim non videt religionibus, legibus et
literis, in vita magis opus esse, quam fabris aut cerdo-
nibus?
Sed illud disputant quidam, Ecclesias, aulam, forum, sedes
esse veritatis et iustitiae, magis quam scholas. Vocant scholasticam vitam umbratilem, quod ibi in otio ingenia exercean-
tur, illic aiunt, veritatem et iustitiam in acie versari. Mode-

Grundlegung des gesellschaftlichen Lebens in der Schule[1]

Zwei Werte sind besser und göttlicher als alles, das dem menschlichen Wesen zugehört: die Wahrheit und die Gerechtigkeit. Beide zu erforschen und zu entfalten ist den Schulen anvertraut. Auch kann keinerlei Unklarheit darüber bestehen, daß die Erkenntnis der Wahrheit und der Gerechtigkeit für das gute Leben überaus notwendig und nützlich sind. Denn ohne wissenschaftliche Lehre können weder die religiösen Pflichten in rechter Weise erfüllt noch Gesetze erlassen und aufrechterhalten werden. Welchen Schutzes wäre doch das menschliche Leben beraubt, wenn niemand die Heilkunst erlernte oder lehrte! Wieviel weniger reich wäre doch unser Leben, wenn niemand die Mathematik erlernte, wenn nicht mit Hilfe des Kalenders unterschiedliche Zeiten eingehalten würden, wenn die schriftliche Überlieferung unbekannt wäre! Das ganze Ausmaß dieser Vorzüge ist euch natürlich, die ihr mit solchen Studien beschäftigt seid, wohl bekannt. Deshalb äußert ihr auch leicht die Auffassung, die Schulen seien ein notwendiger Teil des Staates und brächten dem Gemeinwesen besonderen Nutzen. Denn wem wäre nicht einsichtig, daß Religionsausübung, Gesetze und Schrifttum im Leben notwendiger sind als mancherlei Handwerker?

Jedoch vertreten einige die Meinung, Wahrheit und Gerechtigkeit seien eher in der Kirche, am fürstlichen Hof und im Gerichtsgebäude angesiedelt als in der Schule. Sie bezeichnen das schulische Leben als schattenhaft, weil hier die geistigen Kräfte in Muße geübt würden, während dort sozusagen der Ernstfall von Wahrheit und Gerechtigkeit gegeben

1 Melanchthon hat hauptsächlich die Hochschule im Auge. Da diese jedoch zu seiner Zeit auch Aufgaben wahrnahm, die heute in die Zuständigkeit der Schulen fallen, wird hier der Ausdruck »Schule« verwendet.

rati animi est et bene instituti, reverenter sentire de Ecclesiis, de aulis et foro. Ac debent quidem in illis locis regnare veritas et iustitia. Sed constat ex scholis in illa loca haec ornamenta afferri. Qualis enim esset doctrina in templis, si in scholis res non essent agitatae et illustratae? Qualis esset aulicorum consiliorum et fori barbaries, si non extaret quaedam erudita iuris doctrina? Deinde hoc interest, de omnibus magnis rebus scholae consuluntur, scholae pronuntiant, non Episcopi, aut aulici, aut causidici. Postremo in scholis est simplex studium rerum inquirendarum et patefaciendarum. In Ecclesiis multa in popularibus contionibus dicuntur improprie, multa etiam quia populus non potest assequi, praetereuntur. Iam in aulis et foro horribile est dictu, quantum sit Sophistices. Itaque saepe mihi venit in mentem veteris fabulae de Astrea, quam ferunt pulsam civitatibus, postea in rure diu solitam agricolis contionari. Ita mihi videtur propemodum pulsa ex aulis, ex foro, ex templis et aliis hominum coetibus Astrea, hoc est, veritatis et iustitiae doctrina, adhuc haerere in scholis. Quare cum minus sit sophistices in scholis, quam alibi, cum bonis unum hoc sit studium eruendae veritatis, summa laus esse debebit vitae scholasticae, quae quidem imago quaedam est illius beatissimi status, in quo aurea illa aetate vivebant homines, si qua

sei. Einem nüchtern Denkenden und Gebildeten kommt es zu, der Kirche, dem fürstlichen Hof und dem Gerichtswesen ihre Ehre zu lassen. Doch gerade dort müssen Wahrheit und Gerechtigkeit herrschen. Und es steht fest, daß ihnen diese Schmuckstücke von den Schulen geliefert werden. Wie wäre es um die Unterweisung in den Kirchen bestellt, wenn in den Schulen religiöse Fragen nicht gründlich behandelt und entfaltet würden? Welch barbarische Entscheidungen würden am Hof und bei Gericht gefällt, wenn es keine Rechtsgelehrsamkeit gäbe? Es ist von Bedeutung, daß in allen wichtigen Angelegenheiten Gutachten der Hohen Schulen eingeholt werden, daß sie sich äußern, nicht die Bischöfe, Hofbeamten oder Anwälte. Schließlich bemüht man sich in der Schule schlicht und einfach um nichts anderes als die Erforschung und Aufklärung von Sachverhalten. Bei den an das einfache Volk gerichteten Predigten in der Kirche kann vieles nicht ganz zutreffend formuliert werden, gar manches, was dem Volk unzugänglich ist, wird beiseite gelassen. Nur mit Grauen kann man davon sprechen, wieviel Sophisterei an fürstlichen Höfen und in Gerichtssälen herrschen. Deshalb kommt mir oft die alte Fabel von Astraia[2] in den Sinn. Sie soll aus den Städten vertrieben worden sein und dann auf dem Lande zu den Bauern gesprochen haben. So scheint mir Astrea, das ist die Lehre von Wahrheit und Gerechtigkeit, fast von den Höfen, aus den Gerichtssälen, den Kirchen und anderen Versammlungen vertrieben zu sein, in den Schulen aber noch ihren Ort zu haben. Da es in den Schulen weniger sophistisch zugeht als anderswo und sich das Bemühen rechtschaffener Menschen einzig darauf richtet, die Wahrheit herauszufinden, verdient das schulische Leben das höchste Lob. Es bildet jenen glücklichen Zustand ab, in dem die Menschen

2 Astraia war eine Tochter des Zeus und der Themis, die während des Goldenen Zeitalters auf Erden lebte und den Menschen gar manche Segnungen zuteil werden ließ. Diese vertrieben sie jedoch. Als Sternbild der Jungfrau wurde sie an den Himmel versetzt.

fuit, aut certe victuri erant, si fuisset illa aurea aetas, si natura
hominum fuisset immunis a peccati labe et a morte. Quid
enim tunc fuisset vita hominum, nisi iucundissima quaedam
schola, in qua seniores et praestantiores de rebus divinis, de
natura rerum, de immortalitate humanorum animorum, de
coelestibus motibus, de omnibus vitae officiis docuissent
reliquos? In hac Philosophia et huiusmodi disputationibus
tempus omne consumpsissent seniores et iuniores. Nec
aliam vitam fuisse Adae et similium principum virorum
iudico. Huius beatissimi status imago est vita scholastica.
Dixi brevissime de necessitate et de utilitatibus, addam etiam
de sanctitate huius vitae. Nullum Deo gratius est officium,
quam veritatis et iustitiae studium et propagatio. Nam haec
sunt praecipua Dei dona, in quibus Dei praesentia maxime
cerni potest. Haec Deus praecipue conservari postulat, imo
ad hunc finem praecipue conditi sunt homines, ut alii alios
doceant de Deo et aliis rebus bonis. Ad hanc utilitatem
addita est divinitus humano generi sermonis communicatio.
Quare non dubium est, quin hoc vitae genus, quod in
docendo et discendo versatur, Deo gratissimum sit, et hoc
nomine antecellant scholae templis et aulis, quia maius est
studium veritatis in scholis. Quare si quis sanctum vitae
institutum quaerit, non abdat se in solitudines, non putet
aliud esse sacratius vitae genus, sed in his discentium con-
ventibus maneat, hic conetur bene mereri de genere
humano, doceat alios, et sciat hoc officium prodesse ad
conservationem et propagationem optimarum rerum, eru-

im Goldenen Zeitalter, falls es ein solches gegeben hat, gelebt haben oder sicherlich gelebt hätten, wenn es jenes Goldene Zeitalter gegeben hätte, wenn die menschliche Natur von Sündenfall und Tod unversehrt geblieben wäre. Was wäre dann nämlich das menschliche Leben anderes gewesen als eine fröhliche Schule, in der die Älteren und Besseren ihre Mitmenschen über religiöse und naturwissenschaftliche Fragen, die Unsterblichkeit der menschlichen Seele, die Himmelsbewegungen und alle Obliegenheiten des Lebens belehrt hätten? Ältere und Jüngere hätten ihre ganze Zeit mit solchen philosophischen Fragen und Erörterungen zugebracht. So stelle ich mir das Leben Adams und ähnlicher hervorragender Männer vor. Das Abbild dieses überaus glücklichen Zustandes ist das schulische Leben.

Nachdem ich ganz kurz etwas zur Notwendigkeit und Nützlichkeit dieses Lebens gesagt habe, möchte ich noch etwas über seine Heiligkeit hinzufügen. Keine Aufgabe ist Gott so wohlgefällig wie die Erforschung und Verbreitung von Wahrheit und Gerechtigkeit. Denn diese sind die besonderen Gaben Gottes, die seine Gegenwart am deutlichsten erkennen lassen. Auf ihre Bewahrung kommt es ihm hauptsächlich an, sind sie doch im besonderen dazu geschaffen, einander Gott und alles, was sonst gut ist, bekanntzumachen. Zu diesem Zweck hat Gott dem Menschen die sprachliche Verständigung gegeben. Deshalb kann kein Zweifel bestehen, daß der Lebensform des Lehrens und Lernens das größte Wohlgefallen Gottes gilt und daß den Schulen im Blick darauf der Vorrang vor Kirchen und Fürstenhöfen gebührt, weil man in ihnen mit größerem Einsatz nach der Wahrheit strebt. Wem es auf eine gottgefällige Lebensweise ankommt, der ziehe sich nicht in die Einsamkeit zurück, der halte keine andere Lebensform für heiliger, sondern er bleibe in der Gemeinschaft der Lernenden, er suche sich hier um die Menschheit verdient zu machen, er lehre andere in dem Wissen, daß diese Tätigkeit der Erhaltung und Verbreitung der höchsten Güter nützt, er unterweise zweifelnde

diat ambigentes conscientias, respondeat de iure, deque omnibus vitae officiis, inquirat rerum naturam, morborum remedia, causas mutationum in natura, motus et effectus coelestes, praeparet iuventutem ad maiores artes, enarret historias, mandet literis res gestas, illustret artes: haec quisque qui facit, Deo gratissimum cultum praestat, et de genere humano praeclare meretur; conservat enim doctrinam utilissimam vitae, format mores, iudicia hominum, retinet pacem, mitigat multa mala publica. Tale vitae genus non solum praestat monastico, sed vere divinum est.

Cicero reprehendit Platonem, quod dixerit, Philosophos, tametsi abstineant a Reipub. administratione, tamen iustos esse, propter hanc ipsam magnarum rerum inquisitionem. Sed Plato rectissime sensit. Est enim iustitia, suum quemque officium facere et fructum eius officii conferre ad communem salutem generis humani. Id maxime facit Philosophus, qui religiones, rerum naturam, causas omnium honestorum officiorum, leges explicat, et has res divinas caeteris impertit, artes illustrat, aut docet; denique qui veritatis et iustitiae doctrinam conferre ad aliorum utilitatem studet. Nec putemus melius mereri de genere humano vel causidicos aliquos, qui in foro controversias, aut exponunt, aut dirimunt, vel aediles qui pontes aliquos faciunt, vel mercatores qui iusto pretio res utiles important. Recte igitur Plato dixit, iustos

Gewissen, gebe Auskunft über Recht und Gesetz sowie alle anderen Pflichten des Lebens, er erforsche das Wesen der Dinge, die Heilung von Krankheiten, die Gründe der Veränderungen in der Natur, die Bewegungen und Wirkungen der Himmelskörper, er bereite die studierende Jugend auf die oberen Fakultäten vor, er erläutere geschichtliche Überlieferungen, er berichte schriftlich über wichtige Ereignisse, er mehre den Glanz der Künste und Wissenschaften. Wer all dies tut, verehrt Gott in der Weise, die ihm gefällig ist, und macht sich um das Menschengeschlecht in hervorragender Weise verdient. Denn er trägt zur Erhaltung lebensförderlichen Wissens bei, zur Bildung der Gesinnung und des Urteilvermögens von Menschen, zur Bewahrung des Friedens und zur Verringerung vieler Mißstände im öffentlichen Leben. Diese Lebensform hat nicht nur den Vorrang vor der klösterlichen, sondern spiegelt das göttliche Wesen wieder.

Cicero stößt sich an Platons Behauptung, die Philosophen seien, selbst wenn sie sich von den Staatsgeschäften zurückhalten, dennoch rechtschaffen, weil sie den wirklich wesentlichen Fragen nachgingen. Doch Plato hatte damit völlig recht. Denn die Gerechtigkeit besteht darin, daß jeder seinen Aufgaben nachgeht und den Ertrag seiner Tätigkeit zum gemeinsamen Wohl aller Menschen beisteuert. Dies tut im höchsten Maße der Philosoph. Denn er beleuchtet die Formen der Gottesverehrung, die Bereiche der Wirklichkeit, die Gründe aller ehrenwerten Beschäftigungen und die Gesetze. Er läßt die anderen an diesen herrlichen Dingen teilhaben. Er mehrt den Glanz der Künste und Wissenschaften oder er lehrt. Endlich geht es ihm darum, seinen Mitmenschen durch die Lehre von Wahrheit und Gerechtigkeit zu nützen. Wir brauchen nicht zu meinen, Juristen, die vor Gericht Streitsachen darlegen oder entscheiden, Verwaltungsbeamte, die Brücken bauen lassen, oder Kaufleute, die zu einem gerechten Preis Waren einführen, machten sich um die Menschheit mehr verdient als die Philosophen. Mit völligem

esse Philosophos, qui doctrinam utilem vitae tradunt. Non gessit Magistratus Isocrates, sed consiliis suis gubernavit Imperatorem laudatissimum Timotheum, et formavit ingenia multorum, qui postea in Repub. principes extiterunt. Nec melius de Repub. meritus est Aeschines causidicus, quam Aristoteles, qui etsi nec Magistratus gessit, nec causas egit, tamen Alexandrum et multos alios Principes finxit ad iustitiam et beneficentiam. Deinde hodie etiam bene meretur de Repub. reliquit monumenta utilia ad religiones et leges interpretandas, parit Medicos, et iudicia multorum format, qui in foro et negotiis versantur. Aso Iurisconsultus gubernavit magnam Italiae partem. Nec tamen minus de Repub. meretur Bartolus, qui in schola tantum vixit. Philippus Medicus Alexandri exercitum secutus est, ac Regem ipsum ingenti periculo liberavit. Neque tamen minus de Repub. meretur Galenus, qui nullum exercitum secutus est, sed in schola assedit, et scripsit doctrinae suae monumenta.

Cum igitur non aliud vitae genus utilius sit generi humano, aut magis necessarium, aut sanctius, quam vita scholastica, satis intelligi potest, hunc esse praestantissimum vitae gradum. Hac vera laude moveri bona ingenia decet, ut magis ament vitam scholasticam, et adhibeant studium et diligen-

Recht hat also Plato behauptet, die Philosophen seien rechtschaffen, weil sie dem Leben förderliche Lehren vermitteln. Isokrates hatte kein öffentliches Amt inne, wies jedoch mit seinen Ratschlägen dem verdienten Feldherrn Timotheus[3] die Richtung und trug zur Bildung vieler bei, die danach im Staat zu führenden Persönlichkeiten wurden. Der Anwalt Aischines[4] machte sich nicht mehr um den Staat verdient als Aristoteles, der zwar nie ein Regierungsamt innehatte oder vor Gericht auftrat, der aber Alexander und viele andere Fürsten zur Gerechtigkeit und Wohltätigkeit formte. Zudem macht sich Aristoteles noch heute um den Staat verdient. In den Schriften, die an ihn erinnern, hat er wichtige Einsichten für das Verständnis religiöser und weltlicher Ordnungen hinterlassen. Er wirkt noch heute auf die Ärzte und formt das Denken vieler, die mit rechtlichen und sonstigen Angelegenheiten beschäftigt sind. Azzo[5] regierte als Jurist einen großen Teil Italiens. Nicht weniger machte sich um den Staat jedoch Bartolus verdient, der sein Leben fast ausschließlich in der Schule zubrachte. Der Arzt Philippus zog in dem Heer Alexanders mit und rettete den König aus großer Gefahr. Dennoch ist Galen kein weniger verdienter Mann, obwohl er mit keinem Heer zog, sondern in seiner Schule blieb, um die berühmten Schriften abzufassen, in denen uns seine Lehre bis heute erhalten ist.

Da also keine andere Lebensform für das Menschengeschlecht nützlicher oder nötiger ist – es gibt auch keine, die Gott gefälliger wäre – als das schulische Leben, läßt es sich unschwer als höchste Lebensstufe verstehen. Diese echten Vorzüge müssen Gutgesinnte veranlassen, das schulische Leben höher zu schätzen, den Eifer und die Sorgfalt an den

---

3 Timotheus war ein athenischer Feldherr und Gegner Spartas. Sein politisches und militärisches Wirken fällt in die Zeit von 375–354. Sein Lehrer Isokrates würdigte ihn in einer seiner Reden.

4 Aischines war Wortführer der promakedonischen Partei in Athen und Gegner des Demosthenes.

5 Azzo (gest. 1230) und Bartolo de Sassoferrato (1313–57) waren berühmte Rechtslehrer.

tiam dignam tanta professione, et ornent eam optimis moribus. Quid est enim turpius, quam quod multi in scholis ita
degunt, primum, ut non intellligant suum officium; deinde,
ut hoc otium literarium collocent in turpissimas voluptates,
et sumant sibi licentiam omnium scelerum, quasi scholae
non veritatis et iustitiae, sed petulantiae officinae essent.
Quo animo homines pii veniunt in templa ad facienda sacra,
eodem animo vos quoque in scholas accedere oportuit; hic
enim res divinae tractantur. Et magna cura adhibenda est, ut
nostra sacra recte faciamus, ne nostra inscitia aut aliqua alia
culpa artes corrumpantur. Non minus piaculum est, cor-
rumpere artes, quam ceremonias in templis contumelia affi-
cere. Ideo scholis nomen inditum est ab otio, ut Respub.
testetur se liberare nos a sordidis operis, ut dediti esse rebus
divinis possimus. Addidit etiam praemia, sicut militibus.
Etsi autem utilitates sunt exiguae, etsi indocti non solum
contemnunt, sed etiam crudeliter oderunt literas, tanquam
vincula cupiditatum suarum, tamen Deus non patitur
omnino deesse praemia docentibus literas et discentibus. Et
quo melius quaeque Respublica constituta est, eo est erga
studiosos liberalior. Interim nos decet philosophico animo
fortunae iniquitatem ferre et intelligere causas, quare opti-
mae quaeque res maxime sunt spretae vulgo. Deinde incom-
modis etiam opponamus commoda, videlicet, dignitatem

Tag zu legen, die einer so großen Aufgabe würdig sind und ihr durch ehrbare Sitten zu entsprechen. Denn was ist schändlicher als die schulische Lebensgestaltung vieler, welche die Größe ihrer Aufgabe nicht verstehen, den für die Wissenschaft gewährten Freiraum dazu benutzen, um frevelhaften Vergnügungen nachzugehen, und sich die Freiheit für alle möglichen Vergehen herausnehmen, als wären Schulen Stätten, an denen man sich nicht der Wahrheit und der Gerechtigkeit widmet, sondern frecher Zügellosigkeit überläßt. Mit der gleichen Haltung, mit der die Gläubigen in die Kirchen kommen, um ihre Andacht zu verrichten, solltet ihr in die Schulen eintreten. Denn auch hier geht man mit Heiligem um. Mit großer Sorgfalt müssen wir hier unseren heiligen Pflichten nachkommen, damit wir nicht Künste und Wissenschaften durch Unwissenheit oder andere Versäumnisse zugrunde richten. Es ist nicht weniger schuldhaft, Künste und Wissenschaften verkommen zu lassen als die Gottesdienste in den Kirchen mit Schande zu bedecken. Die Bezeichnung ›Schule‹ leitet sich von dem griechischen Wort für ›Muße‹ her. So soll der Staat bezeugen, daß er uns von niedrigen Arbeiten freistellt, damit wir uns ganz unseren heiligen Pflichten widmen können. Wie den Soldaten wendet er uns auch Lohn zu. Wenn wir daraus auch nur wenig Nutzen ziehen und die Ungebildeten die Wissenschaft nicht nur verachten, sondern sogar hassen, weil sie ihren Begierden Fesseln anlegt, so läßt Gott doch nicht zu, daß Lehrer und Schüler der Wissenschaften jeglichen Lohn entbehren müssen. Je besser der Zustand ist, in dem sich ein Staatswesen befindet, desto großzügiger verhält es sich gegenüber denen, die den Künsten und Wissenschaften nacheifern. Uns gebührt nicht nur, in philosophischem Gleichmut die Ungerechtigkeit des Schicksals zu ertragen, sondern auch die Gründe zu verstehen, warum das Volk die edelsten Güter immer auch am meisten verachtet. Den Nachteilen wollen wir auch die Vorteile entgegenstellen, nämlich die Würde unseres Berufes und seine Gottgefälligkeit, schließlich auch

professionis et sanctitatem, postremo etiam iucunditatem.
Itaque de hac etiam pauca adiiciam, videlicet, nullum vitae
genus iucundius esse, quam vitam scholasticam.

Omnes sanae mentes incredibilem voluptatem percipiunt ex
veritatis agnitione; nam ad hanc aspiciendam maxime conditi
sunt homines. Hanc voluptatem in scholis multae causae
augent. Primum enim magna ibi artium varietas est: omnium
disciplinarum professores esse solent, qui consuli possunt in
qualibet arte; est et frequentia discentium, in qua magna
dissimilitudo est ingeniorum et iudiciorum. Quare nostras
cogitationes cum multis conferre possumus, audire quid alii
iudicent, imitari meliora exempla. Hinc enim est illa apud
Hesiodum laudata contentio, de qua dicit, vicinum a vicino
ad divitias properante, invitari. Ideoque apud Euripidem
vere dictum est, communicatione opinionum in magna frequentia repertas esse artes. Et Cicero ait, magnam vim in
discendo habere studium conferendi, quod συζήτησιν vocat
ipse. Et Salomon ait: Ferrum ferro acuitur, ita vir excitatur a
viro. Significat enim tum admoneri ingenia collatione consiliorum atque opinionum, tum exemplis excitari. Propter has
tantas utilitates libenter in hac frequentia versari studiosos
convenit. Postremo natura fit, ut similes delectentur similium consuetudine, maximeque hi, qui similibus artibus
dediti sunt. Ipsa etiam celebritas delectat animos, iuvat
videre bene compositos choros docentium et discentium.
Nullum acroama dulcius est, quam audire de optimis rebus,

alles Erfreuliche, das damit verbunden ist. Dazu möchte ich noch einige wenige Gedanken hinzufügen und zeigen, daß keine Daseinsform mehr Freude bringt als das schulische Leben.

Jedem geistig Gesunden bereitet die Erkenntnis der Wahrheit unsagbare Lust. Denn sie zu erblicken ist der höchste Zweck, zu dem wir als Menschen geschaffen sind. Diese Lust wird in den hohen Schulen durch viele Umstände gemehrt. Zunächst findet sich dort eine große Vielfalt von Künsten und Wissenschaften. Gewöhnlich sind Professoren aller Fächer vorhanden. Ihr Rat kann zu Fragen, die in ein beliebiges Gebiet fallen, eingeholt werden. Dazu kommt die große Zahl der Studierenden mit ganz unterschiedlichen Veranlagungen und Vorstellungen. So können wir unsere Gedanken mit denen vieler anderer vergleichen, andere Meinungen hören und besseren Beispielen nacheifern. Von daher ist der bei Hesiod so gepriesene Wettstreit zu verstehen, von dem er sagt, es wirke sich auf den Nachbarn einladend aus, wenn der Nachbar den Reichtümern zueilt. Deshalb ist richtig, was bei Euripides steht, die Künste und Wissenschaften seien durch den Meinungsaustausch zwischen vielen Menschen entstanden. Nach Cicero ist das zielgerichtete Gespräch sehr lernförderlich, das er selbst als συζήτησις bezeichnet. Und Salomon sagt: »Eisen wird durch Eisen geschärft, und ein Mann vom anderen angespornt.« Damit will er sagen, man werde in seinem Nachdenken durch die Begegnung mit den Einsichten und Meinungen anderer ebenso angeregt wie durch ihr Beispiel. Wegen all dieses vielfältigen Nutzens ist es hilfreich, wenn Studierende in großer Zahl zusammenkommen. Denn von Natur aus haben die Menschen Freude am Umgang mit ihresgleichen, besonders dann, wenn sie sich den gleichen geistigen Beschäftigungen widmen. Schon die lebhafte Menge begeistert, die wohlgeordneten Scharen der Lehrenden und Lernenden bieten einen erfreulichen Anblick. Kein Vortrag hört sich angenehmer an als die Darlegungen von

deque omni varietate naturae, de Repub. de religionibus, quid alii peritiores sentiant. Vetus est dictum: Extra universitatem non est vita, quo significabant iucundissimam esse vitam in scholis. Id dictum opinor ortum esse ab eruditis et prudentibus, qui intelligebant, et quantam haec consuetudo, et communicatio sermonis vim habeat, et quantam pariat voluptatem. Delectat bonos et virtus illorum, qui liberaliter impertiunt doctrinam aliis, qui ex animo consulere posteritati conantur. Etsi autem in tanta infirmitate humani generis nullus est ordo, nullum vitae genus prorsus sine vitio, tamen in scholis minus aliquanto est fuci, odiorum et aliarum malarum artium, quam in aliis multis vitae generibus. Primum enim doctrina liberalis flectit mediocria ingenia ad virtutem. Nec fere quisquam adeo est ferrea natura, ut literis et mediocri disciplina non aliquanto fiat mitior. Est autem multo iucundior consuetudo cum eruditis, qui causas omnium honestorum officiorum intelligunt, quam cum indoctis, quorum iudicia multis in rebus dissident a nostris. Deinde illud affirmare ausim, eum qui in studiis assuefit ad amandam et inquirendam veritatem, amare candorem ac simplicitatem etiam in moribus et in vita. Sed doctrina sophistica depravat voluntates, transfertur enim calumniandi studium ad mores. Ut autem quisquis est studiosissimus, ita maxime incensus est amore veritatis et Sophisticem odit acerrime. Dulcissimus autem convictus est cum eruditis et candidis, qui prospiciunt quid deceat, et certa quadam

Fachleuten über die höchsten und wichtigsten Probleme zu hören, über die Vielfalt der Wirklichkeit, über den Staat, über die Formen der Religion. Es gibt einen alten Spruch: »Außerhalb der Universität kein Leben.« Er weist auf das Vergnügen, welches das schulische Leben bereitet. Sicher ist dieser Ausspruch bei Gebildeten und Einsichtigen entstanden, die sich über die ungeheuere und lustvolle Wirkung des Gedankenaustauschs im Umgang miteinander klar waren. Rechtschaffene Männer haben Freude an der Tugend anderer, die andere freigebig an ihren geistigen Schätzen teilhaben lassen und in ihrem ganzen Sinnen und Trachten darauf aus sind, der folgenden Generation zu nützen. Obwohl es bei der großen Schwäche des Menschengeschlechtes keinen Bereich und keine Art des Lebens ohne Fehler gibt, herrschen doch in den Schulen bedeutend weniger Verstellung, Haß und Intrigen als sonstwo. Zunächst einmal drängt Bildung die Gesinnung aus einer mittleren Lage in Richtung auf die Tugend. Keiner ist in seinem Wesen so verhärtet, daß er nicht schon durch ein gewisses Maß ernsthafter Beschäftigung mit der Literatur bedeutend geschmeidiger würde. Der Umgang mit Gebildeten, welche die Grundlage aller ehrenwerten Beschäftigungen kennen, macht wesentlich mehr Freude als die Beziehung zu Ungebildeten, deren Auffassungen in vieler Hinsicht von den unsrigen abweichen. Weiterhin scheue ich auch nicht vor der Behauptung zurück, daß einer, der sich in seinen Studien daran gewöhnt, die Wahrheit zu lieben und ihr zuzustreben, Aufrichtigkeit und Offenheit auch in seiner gesamten Einstellung und Lebensart lieben wird. Dagegen verdirbt eine sophistische Lehre den Willen. Denn das Bestreben, andere schlecht zu machen, wirkt auch in die sonstigen menschlichen Beziehungen hinüber. Je eifriger sich einer der Wissenschaft hingibt, um so mehr wird er von der Liebe zur Wahrheit entflammt und von leidenschaftlichem Haß gegen Sophisterei erfüllt. Das Zusammenleben mit gebildeten und aufrichtigen Menschen, die auf sittliches Verhalten achten und alle ihre Handlungen und

ratione moderantur omnes actiones et animi impetus, quasi freno regunt. Itaque nec dulciores, nec firmiores sunt amicitiae, quam philosophicae, hoc est, eruditorum amicitiae et societate studiorum contractae. Iam e regione confer ad haec scholastica sodalitia, consuetudines cum illiteratis, in quibus etiam si qui boni viri sunt, tamen minus suavitatis habent congressus cum illis, quia de doctrina nobiscum colloqui non possunt. Ne Lelii quidem et Scipionis amicitia tantum suavitatis habuisset, si fuissent ἄμουσοι. Sed angustia temporis non sinit nos omnia vitae scholasticae commoda colligere et illustrare. Haec autem recensui, primum, ut adolescentes intelligant et ament vitae genus in quo versantur; deinde cogitent, quanta vicissim requiratur ab ipsis diligentia, quanta in omni officio moderatio, ut hoc vitae genus ornent. Literati in summo fastigio rerum humanarum collocati sunt. Quare ut muneri omnium difficillimo satisfacere possimus, adhibenda est acerrima contentio animorum in docendo. Est et sanctissimum vitae genus et Deo gratissimum, conservare et propagare doctrinam vitae utilem. Sciamus igitur Deo poenas daturos illos, qui moribus suis dedecorant scholas, qui non conferunt aliquid operae ad doctrinae conservationem.

inneren Regungen von vernünftigen Überlegungen leiten lassen und gleichsam zügeln, ist höchst angenehm. Deshalb gibt es keine innigeren und festeren Freundschaften als die »philosophischen«, d. h. die Freundschaften von Gebildeten, die durch gemeinsame geistige Beschäftigungen entstanden sind. Man vergleiche doch einmal mit schulischer Gemeinschaft den Umgang mit Ungebildeten, unter denen es sicher auch rechtschaffene Menschen gibt. Dennoch bringt es weniger Freude mit ihnen zusammenzukommen, weil man sich mit ihnen nicht über wissenschaftliche Fragen austauschen kann. Nicht einmal Lelius und Scipio wären einander in solch inniger Freundschaft zugeneigt gewesen, wäre ihnen der Sinn für Kunst und Wissenschaft abgegangen. Es ist hier zu wenig Zeit, um alle Vorteile des schulischen Lebens zu sammeln und herauszustellen. Ich habe hier nur einiges aufgezählt, damit die jungen Studenten Sinn und Neigung für ihre gegenwärtige Lebensweise entwickeln und damit sie weiterhin auch bedenken, wieviel Sorgfalt und Besonnenheit sie ihnen abverlangt, wenn sie ihr Ehre machen wollen. Die Gelehrten stehen hoch über allen menschlichen Lebensbereichen. Wenn wir also unserer Aufgabe, die von allen die schwerste ist, gerecht werden wollen, müssen wir uns beim Lehren im höchsten Maße anstrengen. Die Erhaltung und Verbreitung lebensförderlicher Wissenschaft ist die heiligste und Gott wohlgefälligste Tätigkeit im Leben. Wir müssen deshalb wissen, daß Gott diejenigen zur Rechenschaft ziehen wird, die den Schulen durch ihre schlimme Lebensweise Schande machen und zur Erhaltung der Wissenschaft nichts beitragen.

Editorische Notiz

Der lateinische Text folgt der Ausgabe: Philipp Melanchthon: Werke in Auswahl. Hrsg. von Robert Stupperich. 9 Bde. Gütersloh: C. Bertelsmann, 1951–75.

Nur *De laude vitae scholasticae oratio* ist unmittelbar aus Corpus Reformatorum XI entnommen: Philippi Melanchthonis Opera quae supersunt omnia. Edidit Carolus Gottlieb Bretschneider 28 voluminibus. Halis Saxonum: C. A. Schetschke, 1834–59.

An einigen wenigen Stellen wurden offensichtliche Fehler verbessert. Besonders beim letzten Text wurde *-ci-* durch *-ti-* ersetzt, wo es der ursprünglichen Wortform entspricht: *contio* für *concio*, *iustitia* für *iusticia* usw.

Die Überschriften der deutschen Textabschnitte stammen vom Übersetzer. Über den lateinischen Textausschnitt ist jeweils der Titel der Schrift gesetzt, der er entnommen ist. In Klammer ist das Erscheinungsjahr beigegeben. Die Stellenangaben darunter beziehen sich auf die »Gütersloher Ausgabe«.

Wo der lateinische Text selbst die Bibelstelle angibt, ist die Angabe auch in die Übersetzung übernommen. Darüber hinaus sind in die Fußnoten Stellenangaben auswahlweise aufgenommen.

Melanchthons Bibelzitate sind offensichtlich von ihm selbst ins Lateinische übersetzt. Der Wortlaut variiert teilweise. Die vorliegenden deutschen Textausschnitte folgen auch bei Bibelzitaten dem Wortlaut Melanchthons.

Literaturhinweise

Philippi Melanchthonis Opera quae supersunt omnia. Edidit Carolus Gottlieb Bretschneider 28 voluminibus. Halis Saxonum: C. A. Schetschke, 1834–59. (Corpus Reformatorum.)

Melanchthons Werke in Auswahl. Hrsg. von Robert Stupperich. 9 Bde. Gütersloh: C. Bertelsmann, 1951–75.

Ernst Bizer: Theologie der Verheißung. Studien zur theologischen Entwicklung des jungen Melanchthon (1519–1524). Neukirchen-Vluyn 1964.

Alfons Brüls: Die Entwicklung der Gotteslehre beim jungen Melanchthon 1518–1535. Bielefeld 1975.

Ioachimi Camerarii De vita Melanchthonis narratio. Halae 1777.

Walter Elliger (Hrsg.): Philipp Melanchthon. Forschungsbeiträge zur vierhundertsten Wiederkehr seines Todestages dargebracht in Wittenberg 1960. Göttingen 1961.

Hans Engelland: Melanchthon, Glauben und Handeln. München 1931.

Martin Greschat: Melanchthon neben Luther. Studien zur Gestalt der Rechtfertigungslehre zwischen 1528 und 1537. Witten 1965.

Karl Hartfelder: Philipp Melanchthon als Praeceptor Germaniae (1889). Nieuwkoop 1964.

Rudolf Bernhard Huschke: Melanchthons Lehre vom Ordo politicus. Ein Beitrag zum Verhältnis von Glauben und politischem Handeln bei Melanchthon. Gütersloh 1968.

Guido Kisch: Melanchthons Rechts- und Soziallehre. Berlin 1967.

Wilhelm Maurer: Der junge Melanchthon. 2 Bde. Göttingen 1967 bis 1969.

– Melanchthon-Studien. Gütersloh 1964. (Schriften des Vereins für Reformationsgeschichte. Nr. 181. Jg. 70.)

Dieter Meinhold: Philipp Melanchthon. Der Lehrer der Kirche. Berlin 1960.

Carl Schmidt: Philipp Melanchthon. Leben und ausgewählte Schriften. Elberfeld 1861.

Adolf Sperl: Melanchthon zwischen Humanismus und Reformation. München 1959.

Hermann-Adolf Stempel: Melanchthons pädagogisches Wirken. Bielefeld 1979.

Robert Stupperich: Melanchthon. Berlin 1960. (Sammlung Göschen. 1190.)

Inhalt

Einleitung: Philipp Melanchthon als christlicher
und humanistischer Pädagoge 3

Erkenntnistheorie: Gewißheitskriterien 28/29
Philosophie – Theologie, Vernunft – Glaube . . . 34/35
Sinn des Lebens 66/67
Menschenbild 74/75
Gottes Bild im Menschen: Zerstörung und Wie-
derherstellung 80/81
Willensfreiheit 90/91
Sünde 102/103
Glaube 110/111
Gute Werke 114/115
Freiheit des Christen 118/119
Sprachliche und ethische Bildung 134/135
Allgemeinbildende Fächer 146/147
Sprache – Denken. Lektüre klassischer Autoren.
Pädagogische Bedeutung eigener Formulie-
rungsversuche 152/153
Bildungswert des Griechischen 182/183
Grundlegung des gesellschaftlichen Lebens in der
Schule 204/205

Editorische Notiz 222
Literaturhinweise 223